PRESS

C. A. PRESS

TU PLAN DE VIDA EN ESTADOS UNIDOS
de la serie
¡HECHO FÁCIL!

Elaine King creció en Perú y ha vivido, trabajado y estudiado en Austria, Canadá, Japón, México y Estados Unidos, brindando estrategias de planificación financiera a familias y ayudándolas a comprender y administrar su patrimonio. Es presidente del Instituto La Familia y el Dinero (Family and Money Matters Institute™) y autora de los libros *La familia y el dinero* de la serie ¡Hecho Fácil! y *Family & Money Matters*. Recibió un MBA del Thunderbird School of Global Management y cursó un postgrado en Terapia Familiar en la Universidad de Georgetown. También es Mediadora de Familias certificada por la Corte Superior del Estado de Florida y es Certified Financial Planner® (Planificadora Financiera Certificada). Elaine es miembro de la junta directiva de la Asociación de Planificadores Financieros de Florida.

Ha participado en programas televisivos internacionales de las cadenas, CBS, CNN, PBS, Univisión y Telemundo y ha sido entrevistada para el *Wall Street Journal*, *Smart Money*, Fox Business, Hispanic Business, así como para las revistas *Time* y *Business Week*, entre otras publicaciones de circulación mundial. Para contactar a Elaine, por favor enviarle un correo a: elaine@ifaydi.com.

TU PLAN DE VIDA
EN ESTADOS UNIDOS

de la serie
¡HECHO FÁCIL!

Elaine King
CFP®, CDFA™

PRESS

C. A. PRESS
Penguin Group (USA)

C. A. PRESS
Published by the Penguin Group
Penguin Group (USA) LLC
375 Hudson Street
New York, New York 10014

USA | Canada | UK | Ireland | Australia | New Zealand | India | South Africa | China
penguin.com
A Penguin Random House Company

First published in the United States of America by C. A. Press, a member of Penguin Group
(USA) LLC, 2013

LIBRARY OF CONGRESS CATALOGING-IN-PUBLICATION DATA
King, Elaine, 1975–
Tu plan de vida en Estados Unidos / Elaine King.
pages cm — (¡Hecho fácil!)
Includes bibliographical references and index.
ISBN 978-0-14-242740-8 (pbk.)
1. Immigrants—United States—Life skills guides.   2. United States—Emigration and
immigrations—Handbooks, manuals, etc. I. Title.
JV6545.S6K56 2013
646.70086'9120973—dc23
2013030653

Printed in the United States of America
10 9 8 7 6 5 4 3 2 1

A mi mamá por su ayuda incondicional en la creación de este libro y, en especial, a todas las familias que en algún momento dejaron sus países de origen con la esperanza de darles a sus hijos un mundo seguro, con más oportunidades. Hoy, gracias a su determinación y dedicación, saldrán adelante y convertirán su sueño en realidad.

Contenido

SEGUNDA PARTE
Desarrolla tu estrategia de trabajo

TERCERA PARTE
Planifica tus finanzas

CUARTA PARTE
Intégrate a tu comunidad

Agradecimientos

Mi más profunda gratitud a cada una de las personas que me han inspirado en mi trayectoria y que hacen que este mundo sea un mejor sitio para todos. Ya sea apoyándome incondicionalmente, guiándome con cariño o dándome bondadosamente oportunidades para seguir evolucionando.

A mis queridísimos padres, Marilyn Fuentes y Solón King, por darme invalorables memorias y escoger llevarme en sus aventuras alrededor del mundo y enseñarme mejor que nadie lo que significa la palabra "adaptación".

A mi queridísimo esposo por su amor eterno.

A Aleyso Bridger, mi súper agente literaria por creer en mí desde el principio. A Erik Riesenberg, mi súper director editorial, Carlos Azula, mi súper director de C. A. Press, Cecilia Molinari, mi súper editora, que con mucho amor hicieron de este libro una realidad.

A todos mis maestros que compartieron su sabiduría conmigo: Louis Barajas, María Fuentes, Graciela Kenig, Michelle Valerio y Joshua Waldman.

Y a ustedes, por usar este manual y por compartirlo con su familia y seres queridos. A todos desde el fondo de mi corazón: *gracias*.

Prólogo

Recuerdo la primera vez que vine a Estados Unidos, tenía cinco años y no sabía hablar inglés. Mis papás se aseguraron de que supiera lo básico: "*thank you*" y "*excuse me*". Ellos decidieron que con esas dos frases yo sobreviviría mi aventura en un nuevo mundo. Si has observado a los niños de cinco años, te habrás dado cuenta de que les encanta hablar mucho. Cuando otros niñitos se me acercaban y me hablaban, yo decía "*thank you*" y "*excuse me*" y caí muy bien en la comunidad, por lo menos eso fue lo que sentí. Para mí, fue difícil no poder comunicarme y más complicado aún aprender la cultura sin conocer totalmente mi cultura peruana, pero a medida que fui creciendo me fui adaptando.

Después viajamos mucho, vivimos en diferentes países y, finalmente, cuando terminé el colegio decidí mudarme a Estados Unidos. A los diecisiete años vine a establecerme para empezar la universidad y aprendí a vivir sola. Desde alquilar un departamento, sacar mi licencia, abrir una cuenta, ahorrar dinero, buscar trabajo, todo lo tuve que aprender y me parece increíble poder compartir todo esto contigo ahora para que tu adaptación sea más completa y rápida. Durante mi vida he tenido la suerte de vivir en Austria, Canadá, Japón, México, Perú y en cuatro estados en Estados Unidos, y será una gran aventura compartir contigo lo que he aprendido para que te adaptes a tu nueva vida en Estados Unidos aún más rápido que yo.

Durante ese tiempo adquirí experiencia, herramientas y habilidades que son necesarias para comenzar en un nuevo país. Adaptarse a otras culturas, hablar diferentes idiomas e integrarse es todo un proceso y se necesita mucha información. Llegar a vivir a Estados Unidos es todo un reto; llegamos con ilusión y expectativas. Y antes que nada, debes estar consciente de que este país que te está dando la oportunidad de comenzar de nuevo, será tu nuevo hogar. En tu casa, las visitas respetan y siguen tus reglas, ¿no es así? Eso es exactamente lo que debes hacer. Hay un dicho muy antiguo que dice: "Donde fueres… haz lo que vieres", que quiere decir acomodarse a las costumbres y usos del país donde uno se encuentra.

Conservar tu cultura es importante, por supuesto, pero eso lo tienes dentro de ti y jamás lo perderás. Ahora es el momento de aprender. Puedes aprender por prueba y error y, al mismo tiempo, tratar de involucrarte cada día más con el país. Es muy importante que te pongas como meta aprender bien el inglés, así tendrás más oportunidades de trabajo y de adaptación. Investiga, lee, interésate en este país, aprende su historia, así podrás entenderlo mejor. De esta manera, podrás convertir una experiencia abrumadora en una gran oportunidad.

Antes de empezar el libro, hice una encuesta a cientos de personas de todo tipo de perfil: los que vinieron como estudiantes, los que vinieron por su familia, asilados políticos, jóvenes, padres, ancianos. Lo que más me interesaba saber era qué consideraban lo más importante para mejorar la calidad de vida al llegar a Estados Unidos, y estas fueron las respuestas más frecuentes:

1. Aprender inglés.
2. Ahorrar.
3. Aprender todas las disposiciones legales.
4. Encontrar trabajo.

Es muy importante, en primer lugar, entrar al país legalmente. Llegar como ilegal es una situación diferente. Aprende el idioma, intégrate a la cultura estadounidense. Estudia. Vive de acuerdo con tus medios. Mantén un crédito excelente; todos estos consejos te abrirán nuevas oportunidades de empleo y también de ahorro.

Concéntrate desde el principio en lo que quieres lograr. Ten en cuenta cuatro aspectos básicos: tus documentos, tus oportunidades de trabajo, tus finanzas y tu nueva comunidad. Si no sabes inglés, apréndelo porque lo necesitarás. El tiempo vuela y los primeros seis meses son cruciales para empezar tu vida en Estados Unidos. Lo primero que debes hacer es analizar tu estatus legal ideal —es decir, examinar qué tipo de visa podrías conseguir para tu estadía en Estados Unidos, dependiendo de tu situación y habilidades—, abrir una cuenta en el banco de tu nueva comunidad, obtener una tarjeta de crédito asegurada y obtener tu licencia de conducir o identificación con tu foto.

Estas son algunas preguntas para evaluar antes de tu mudanza:

1. ¿Tienes tus documentos legales al día?
2. ¿Conoces tus oportunidades de trabajo?
3. ¿Has ahorrado para vivir seis meses sin ingresos?
4. ¿Tienes un lugar dónde vivir?

No te preocupes si no has contestado que sí a todas las preguntas; este manual te ayudará a prepararte mas rápido. Imagina que siempre has querido comprarte una bicicleta y cuando finalmente la compras, te la mandan en una caja por partes… Me imagino que podrás deducir sin problemas cómo construirla con el manual, pero ¿qué pasaría si te llega sin un manual? El manual ahorra tiempo y te da la seguridad de que la bicicleta no se va a romper la primera vez que la uses. Mi objetivo con este manual para vivir en Estados Unidos es que te dé la seguridad de que vas en buen camino y, para que sea más fácil de seguir, lo he dividido en cuatro partes: (1) Prepara tus documentos, (2) Desarrolla tu estrategia de trabajo, (3) Planifica tus finanzas, (4) Intégrate a tu comunidad.

Vamos a ver todo en orden. La más importante es la parte de tus documentos, porque de eso dependerán el trabajo y el dinero. Cuando estés seguro de que tu plan funcionará, entonces hablaremos de tu nueva comunidad.

Un cambio de país puede ser emocionante y abrumador a la vez. Estar preparado e informado durante esta transición es muy importante para poder adaptarse rápidamente al nuevo ambiente. Pensando en ello y por haber vivido esta experiencia personalmente, he decidido recopilar todo lo necesario para que te sientas rápidamente ubicado y bienvenido, desde cómo elegir un hogar de acuerdo con tus necesidades, hasta preparar un presupuesto. Además, incluyo información sobre escuelas, estudios superiores, cómo buscar empleo, cómo mandar dinero a tu familia, recursos y más. Entonces, sin más demora, emprendamos juntos esta aventura.

TU PLAN DE VIDA
EN ESTADOS UNIDOS

de la serie
¡HECHO FÁCIL!

PRIMERA PARTE

Prepara tus documentos

INTRODUCCIÓN: EXPLORANDO UN NUEVO HORIZONTE

Me acuerdo mucho de la embajada americana; por los viajes que hacía mi familia a Estados Unidos, siempre acabábamos allí en una entrevista o haciendo una cola interminable. Una vez hice una cola de varias horas y, a medida que la cola se acercaba a la ventanilla, pensé que finalmente me atenderían. Cuando llegué a la ventanilla, la señorita me pidió mi pasaporte, le puso una etiqueta adhesiva con la fecha de mi cita y me dijo "nos vemos en un mes". Después de un mes, regresé para hacer otra cola de varias horas y reunirme con un oficial, que a través de una ventanilla de vidrio con un huequito pequeño, me pedía mis estados de cuenta, prueba de mi carrera universitaria y me preguntaba cuántos familiares tenía en Estados Unidos.

Este proceso es muy serio y es muy importante prepararse bien. Aunque uno tenga todo al día, muchas veces la visa se acepta o niega en el momento. Luego de tener la visa, deberás asegurarte de tener todos los documentos sellados al entrar a los Estados Unidos. Es preferible hacer fotocopias de todos los documentos y guardarlos en un lugar seguro. Hay que salir del país antes de que se venza la visa y entender a fondo las consecuencias de quedarse con una visa vencida.

Yo no soy abogada de inmigración, pero sí tengo mucha experiencia con este tema, ya que cambié mi visa y estatus nueve veces en trece años. He pasado por muchas oficinas de inmigración, he llenado muchos documentos y he tenido que esperar pacientemente el resultado de cada una de mis solicitudes. Además de todas las veces que tuve que cambiar de visa, permisos, etc., más de una vez me robaron mi pasaporte justo antes de viajar. Cabe destacar que para salir de Estados Unidos no necesitas visa vigente en el pasaporte para salir, pero sí el pasaporte con tu identificación. Tuve que ir a la policía a denunciar el robo, y pedir un permiso especial para viajar y poder salir de Estados Unidos sin pasaporte. Lo bueno es que, como peruana, no necesitaba visa sino solamente el permiso que me dieron para viajar sin documentos. Otra vez, al cambiar de visa a la que me dieron por doce meses al graduarme de la universidad en Estados Unidos, conocida como visa de practicante, tuve que quedarme un mes fuera de mi trabajo mientras la tramitaban porque las visas estaban retrasadas.

El aspecto legal en Estados Unidos es muy estricto porque hay muchísimos inmigrantes indocumentados. A los que se quedan en el país con una visa vencida se los llama indocumentados. Sin una visa válida y vigente no puedes obtener algunos documentos, como la licencia de conducir. Es difícil conseguir un trabajo formal. Si la visa está por vencerse, algunas personas recomiendan consultar con un abogado de inmigración mucho antes de la fecha de vencimiento. A veces hay formas de extender la estadía temporalmente y, cuando se planifica con anticipación, es posible. Por eso es importante que entiendas a fondo esta sección, que te explicará el sistema político, la historia, los tipos de visa y los documentos necesarios para vivir y trabajar en este país.

LOS LATINOS EN ESTADOS UNIDOS

A Estados Unidos se lo conoce como la "tierra de las oportunidades" y es uno de los países clásicos de inmigración en el mundo. Tiene una

© DEPOSITPHOTOS.COM/ANDRÉS RODRÍGUEZ

larga tradición recibiendo a extranjeros, por eso su sociedad es multicultural y diversa, compuesta por varias razas, tradiciones y culturas. Está considerada como la nación más poderosa del mundo por su sistema político, su poder militar y, fundamentalmente, por su enorme influencia mundial.

Actualmente, a pesar del desempleo y la recesión económica, sigue siendo para muchos un símbolo de desarrollo. Además, tiene grandes extensiones de tierras fértiles dedicadas a la agricultura y a los cultivos que producen lo suficiente como para sostener las mas duras economías (lo cual otros países no tienen desarrollado, especialmente en cuanto a infraestructura), y además es líder en innovación tecnológica.

Luego de romper con Gran Bretaña en 1776, se convirtió en la primera democracia moderna y estableció su propia constitución en 1789. Después de la guerra civil (1861–1865) abolió la esclavitud y reconoció en su constitución la igualdad, la libertad y los derechos individuales para todos sus habitantes. En años recientes, Estados Unidos se ha ubicado entre los primeros quince países en la lista de mejores lugares del mundo para vivir que publica la Organización de Naciones Unidas, de acuerdo con el índice de desarrollo humano.

Los latinos comenzaron a poblar Estados Unidos cuando, a mediados del siglo XIX, se integraron al país varios estados de México. En los últimos años, cientos de miles de latinoamericanos, principalmente de Puerto Rico, Cuba, México, Haití, El Salvador, Colombia y República Dominicana, se establecieron como inmigrantes. Según la Oficina Federal de Censos de los Estados Unidos, la población de latinos es mayor que la de afroamericanos; por lo tanto, la comunidad latina es la minoría más grande de Estados Unidos. Según el censo de 2010, en los últimos diez años la cantidad de latinos aumentó un 43% y es de cincuenta millones y medio de personas, más que la población total de Canadá.

La influencia cultural de los latinos es tan grande que han formado sus propias comunidades y redes culturales, e incluso hay muchos medios de comunicación y servicios públicos en español. Los estados donde hay mayor población de latinos son California, Florida, Illinois, Nueva Jersey, Nueva York, Texas, Arizona, Colorado, Nevada y Nuevo México. Sin embargo, ya comienzan a asentarse en ciudades más pequeñas de estados como Virginia, Indiana, Wisconsin y Georgia.

VENTAJAS Y DESVENTAJAS DE ESTABLECERTE EN ESTADOS UNIDOS

VENTAJAS	DESVENTAJAS
Es la nación que más inmigrantes recibe en el mundo (tanto legales como ilegales), por eso es la primera opción de los que quieren emigrar de su país.	La gran cantidad de inmigrantes y extranjeros, muchos de ellos ilegales, ha endurecido las leyes y las exigencias son cada vez más estrictas para el ingreso al país. El ataque terrorista a Nueva York, el 11 de septiembre de 2001, también contribuyó a poner más restricciones para el ingreso de extranjeros.
Está cerca de Latinoamérica, así que es más fácil y económico viajar entre países, en caso de tener que regresar.	El país atraviesa actualmente una fuerte recesión económica, con altos niveles de desempleo.
El idioma español se habla en los principales estados del país, y lo ves en todas las manifestaciones visuales e informativas. Hay muchas comunidades de latinos, asentadas y bien organizadas, que hacen más fácil el proceso de integración.	El pago de impuestos es elevado y obligatorio, incluso para residentes y trabajadores temporales.
Ofrece buenas perspectivas para inmigrantes recién llegados con ambición e iniciativa.	Los costos de los servicios de salud son muy altos, así que es imprescindible tener un seguro médico.
Tiene un sistema democrático maduro y estable, que es muy atractivo para quienes buscan climas políticos sanos, donde se respetan las instituciones democráticas y se garantizan los derechos civiles, políticos y económicos de las personas.	
Al tener una extensión de tierra tan enorme, con cincuenta estados diferentes, puedes elegir el clima ideal para vivir, de acuerdo con tus necesidades y preferencias.	

© DEPOSITPHOTOS.COM/VACLAV SCHINDLER

EL GOBIERNO ESTADOUNIDENSE

Estados Unidos es una república federal democrática. Los poderes están divididos en ejecutivo, legislativo y judicial. El poder ejecutivo está encabezado por el presidente o jefe de estado y el vicepresidente. El presidente elige su gabinete, con la aprobación del Senado.

Las elecciones se deciden a través del colegio electoral, compuesto por representantes elegidos por cada estado. El presidente y vicepresidente cumplen períodos de cuatro años, con opción a una reelección.

El poder legislativo está compuesto por un Congreso, con dos ramas. El Senado tiene 100 puestos, con dos miembros por cada estado elegidos cada seis años. La Cámara de Representantes tienen 435 puestos y son elegidos por voto popular cada dos años.

El poder judicial está representado por la Corte Suprema. Sus nueve jueces son designados de por vida por el presidente, con la aprobación de los miembros del Senado.

Los dos principales partidos políticos de Estados Unidos son el Democrático y el Republicano. Hay otros partidos y grupos con menos influencia política.

El esquema estadounidense es diferente del sistema parlamentario de otros países. En este caso, se elige al presidente por voto popular, igual que a los senadores y diputados. Sin embargo, la Corte Suprema es independiente de las otras dos ramas del ejecutivo. Es muy común ver que el presidente es de un partido, mientras que la mayoría del Congreso es del partido contrario. El sistema funciona porque ninguno de los dos tiene el poder absoluto, y esto exige siempre revisión, control, compromiso y negociación para que ambas partes estén de acuerdo.

Los estados tienen una estructura parecida a la del Gobierno federal. El representante máximo es el gobernador. Cada estado tiene una ciudad capital donde se reúne la legislatura. Los estados están divididos en condados y la mayor parte de las ciudades son gobernadas por un alcalde.

Cada nivel del Gobierno tiene sus propias áreas administrativas y de creación de leyes. El Gobierno federal se reserva algunas leyes importantes, como por ejemplo la de armas, de impresión de dinero, de pasaportes, de patentes y de derechos de autor. Sin embargo, en aspectos como los valores, el transporte y la vía pública y algunas leyes criminales, tanto el Gobierno federal como los estados tienen sus propias leyes, que pueden resultar a veces complicadas y contradictorias.

© DEPOSITPHOTOS.COM/FILMFOTO

Muchos consideran que la estructura del Gobierno estadounidense es demasiado grande. Lo cierto es que todos los habitantes de esta gran nación tendrán que entenderse constantemente con el Gobierno federal y local para asuntos tan sencillos como ampliar su casa, sacar una licencia de conducir y, por supuesto, pagar los impuestos.

LOS DERECHOS: LAS DIEZ PRIMERAS ENMIENDAS

Los primeros cambios a la Constitución se hicieron para proteger a los ciudadanos y para limitar el poder del Gobierno. La Carta de Derechos contiene las libertades garantizadas al pueblo estadounidense. En la mayoría de los casos, estos derechos limitan los poderes que tiene el Gobierno sobre las personas. Estos derechos son:

1. La libertad de expresión. El Gobierno no puede decir a las personas lo que pueden o no pueden decir. Las personas pueden decir lo que quieran acerca de los asuntos públicos sin temor a represalias.

2. La libertad religiosa. El Gobierno no puede imponer a las personas un culto religioso en particular. Las personas pueden pertenecer a un culto religioso o no, según su propia voluntad.

3. La libertad de prensa. El Gobierno no puede decidir lo que se imprimirá en los periódicos o se transmitirá por la radio y por la televisión.

4. La libertad de reunión en lugares públicos. El Gobierno no puede impedir que las personas celebren reuniones legales públicas con diversos propósitos.

5. Libertad para portar armas. En la mayoría de los casos, el Gobierno no puede prohibir que las personas tengan armas.

6. Libertad para protestar contra las acciones del Gobierno y para exigir cambios. El Gobierno no puede silenciar o castigar a las personas que se oponen a medidas del Gobierno con las que están en desacuerdo.

7. La Carta de Derechos también garantiza el "debido proceso legal". Este proceso es un conjunto de procedimientos jurídicos específicos que deben seguirse cuando se acusa a alguien de un delito.

8. Ningún agente de policía o militar puede detener o registrar a una persona sin causa justificada, y no puede registrar las casas de las personas sin el permiso previo de un tribunal.

9. A las personas acusadas de un delito se les garantiza un juicio sin demoras en presencia de un jurado. También se les garantiza representación legal y el derecho de llamar a testigos para que hablen en su favor.

10. Los castigos crueles e inusuales también están prohibidos.

Estas reglas hacen que este sea un país con libertad, en el que uno puede pensar, opinar y expresarse sin miedo a que lo enjuicien o lo arresten. Los estadounidenses están muy orgullosos de estos derechos y los verás muy claros en todo tipo de medio. Es importante que los entiendas.

DOCUMENTOS PARA ENTRAR A ESTADOS UNIDOS

El Servicio de Ciudadanía e Inmigración de los Estados Unidos (US-CIS, por sus siglas en inglés) es la agencia del Gobierno que administra la inmigración legal a Estados Unidos. Emplea a 36,000 personas en doscientas cincuenta agencias en todo el mundo y es parte del Departamento de Seguridad Nacional.

El Departamento de Trabajo de los Estados Unidos (United States Department of Labor, DOL) es un departamento del gabinete del Gobierno de los Estados Unidos responsable de las condiciones de trabajo, de los salarios y horarios estándares de los trabajadores, seguros de desempleos, servicios de reinserción laboral en Estados Unidos, y algunas estadísticas económicas. Muchos estados tienen departamentos de trabajo.

La mayor parte de los extranjeros necesita una visa vigente, aprobada por el consulado americano de su país de origen, en categoría temporal o permanente, o tarjeta de residencia (*green card*) para entrar al país y vivir temporal o permanentemente en Estados Unidos. Para que las autoridades de inmigración te acepten, debes elegir la categoría de visa que realmente se adapte a tus competencias y habilidades personales y cumplir los pasos legales necesarios para solicitar más tiempo de estancia o conseguir la residencia permanente.

La visa de turista es la manera más simple de entrar al país. Hay muchos extranjeros que entran a Estados Unidos con este tipo de visas temporales y se quedan en condición ilegal. Algunos salen y entran cada seis meses para cumplir con las fechas que indica la visa. Sin embargo, esto es completamente ilegal y es un riesgo muy alto, ya que los agentes de inmigración pueden darse cuenta de que hay muchas entradas registradas en el pasaporte y deportarte, prohibiéndote la entrada al país por hasta diez años. Además, en el puerto de entrada a Estados Unidos (aeropuerto, puerto, frontera), también deberás demostrar tus intenciones de volver a tu país ante las autoridades del servicio de inmigración y tomarán tus huellas dactilares y fotografías.

Si quieres quedarte permanentemente, tienes que elegir entre otras categorías de visa (familiar, trabajo, residencia). Generalmente, Estados Unidos le da preferencia a los familiares directos de otros inmigrantes o residentes temporales.

Sin embargo, desde la aprobación del Acta de Inmigración de 1990, el Gobierno está dando preferencia a extranjeros competentes profesionalmente y en negocios muy especializados, y a los inmigrantes que tengan el patrocinio de un empleador o que puedan contribuir significativamente con la economía del país.

La cantidad de residencias permanentes entregadas en la categoría familiar supera las 480.000 al año. En comparación, la cantidad entregada para las categorías de empleo, inversión o inmigración especial, es apenas de 140.000 cada año.

DIFERENTES TIPOS DE VISAS

La base del sistema de inmigración de Estados Unidos es una serie de categorías de visa, con exigencias específicas para cada una. Te recomiendo verificar muy bien cada uno de los requisitos oficiales. Asegúrate de conocerlos bien y de tener al día todos los documentos necesarios para la tramitación de tu visa.

En algunos casos, es posible que tengas que esperar mucho tiempo para obtenerla, así que es esencial presentar la solicitud con suficiente tiempo antes de la fecha programada de tu viaje.

El sistema de visas se divide en dos grandes grupos:

1. Residencia temporal o visas de no-inmigrante
2. Residencia permanente, "*green card*"

CONSEJOS:

✓ Es vital elegir el tipo de visa que más se ajuste a tu situación personal, para que tu solicitud de visa o residencia sea aceptada.
✓ Prepara la solicitud de visa con tiempo.
✓ Asegúrate de hacer una cita con la embajada para la visa io antes posible.

RESIDENCIA TEMPORAL O VISAS DE NO INMIGRANTE

Este gran grupo de visas es para los que quieran entrar y quedarse en Estados Unidos de manera temporal. Esta categoría incluye muchos tipos de visa que varían según para qué sean: vacaciones, negocios, estudios o trabajo. Se identifican con una letra, un número y un nombre.

Muchas personas vienen porque sus familiares viven en Estados Unidos. Si tu familiar tiene más de veintiún años y es ciudadano estadounidense, podría patrocinarte para la residencia permanente si eres cónyuge, hermano/a, padre/madre, o hijo/a. No se permite patrocinar a abuelos, primos o tíos.

Entre las visas de no inmigrante más usadas están la de Visitante B-2, la de Inversionista E-2, la de estudiante F-1 y la de trabajador especializado H-1B. Cuando el Gobierno otorga uno de estos permisos temporales, autoriza únicamente la actividad que indica la visa. Muchas de estas visas temporales se dan relativamente rápido, generalmente en menos de una semana. Aunque los rechazos son muy altos, usualmente son por no presentar la documentación necesaria, problemas al llenar las planillas, o mentir en el perfil y datos académicos. Dependiendo del tipo de visa temporal que solicites, los procesos pueden ser más complicados. Cabe mencionar que, para todos estos procesos, es muy importante asesorarse por un profesional idóneo, como podría ser un abogado de inmigración.

La categoría "temporal" incluye muchos tipos diferentes de visa, pero todas tienen una característica común: no son permanentes. Entre estas se encuentran las siguientes:

B-1/B-2 Visas de turista

Es para las personas que vienen a Estados Unidos por negocios, placer o tratamiento médico (B-2). La visa B1, para personas de negocios, es por poco tiempo y no es válida para trabajar en Estados Unidos.

E-1/E-2 Visas para inversionistas y comerciantes

Los inversionistas, comerciantes y sus empleados pueden recibir visas para abrir negocios. Tienen que venir de un país que tenga un tratado comercial con Estados Unidos. Hay una larga lista de países que tienen tratados comerciales con Estados Unidos. Para más información, puedes visitar la página: www.ucsis.gov.

F-1 y M-1 Visas de estudiante

Si quieres estudiar en Estados Unidos puedes ser elegible para una visa de estudiante y un período de práctica en el campo de tus estudios (OPT, por sus siglas en inglés).

OPT

Hay un Entrenamiento Práctico Opcional (Optional Practical Training, OPT) para estudiantes y, una vez que reciben el título, pueden tener un trabajo de tiempo completo por un tiempo limitado bajo una visa F-1. Muchos estudiantes que obtienen su título universitario o maestría en Estados Unidos llegan luego a ser patrocinados por su empleador para obtener una visa de trabajo H-1B.

H-1B Visas para profesionales y ocupaciones especiales

Los trabajadores profesionales con al menos un grado de licenciatura (o su equivalente en experiencia), pueden pedir esta visa si tienen un empleador, y se les pagará igual que a un trabajador estadounidense de su categoría.

J-1 y Q-1 Visas de intercambio

Son para las personas que vienen a Estados Unidos en un programa de intercambio aprobado.

K-1 Visas para prometido(a)

Son para un novio o novia de ciudadano estadounidense que esté en el extranjero y quiera casarse en un plazo de noventa días a partir de su ingreso a Estados Unidos.

L-1 Visas de transferencias de compañías

Son para ejecutivos, gerentes y algunos empleados transferidos a Estados Unidos por compañías en el extranjero. Las personas con este tipo de visa pueden solicitar su residencia permanente sin necesidad de obtener un certificado de trabajo.

CONSEJO:

Como inmigrante, debes saber que hay personas deshonestas que han creado sitios en la web que parecen sitios del Gobierno, para confundir a la gente y aprovecharse de ella. Recuerda que www.uscis.gov es el sitio oficial del Servicio de Ciudadanía e Inmigración de los Estados Unidos (U.S. Citizenship and Immigration Services, USCIS). Es aconsejable que dirijas todas tus consultas a ese sitio, así como que te asesores por un profesional calificado.

RESIDENCIA LEGAL POR EMPLEOS, ASILO Y LOTERÍA

EB-1 Extranjeros con habilidades extraordinarias, profesores destacados, investigadores y ejecutivos

Estas personas generalmente tienen ofertas de trabajo, pero deben demostrar que ningún ciudadano estadounidense podría desempeñar ese trabajo tan bien como ellos. En el caso de demostrar que su residencia es de interés nacional, no se pide la oferta de trabajo ni el certificado de trabajo.

EB-2 Trabajadores con grados avanzados o habilidades excepcionales en ciencias, artes o negocios

Estas personas generalmente tienen ofertas de trabajo, pero deben demostrar que ningún ciudadano estadounidense podría desempeñar ese trabajo tan bien como ellos. En caso de demostrar que su residencia es de interés nacional, no se pide la oferta de trabajo ni certificado de trabajo.

EB-3 Profesionales y trabajadores calificados

Estas personas tienen una oferta de trabajo y el empleador debe seguir el proceso indicado para obtener el certificado de trabajo.

EB-5 Inversionistas

Bajo el acta de Inmigración del Congreso de 1990, se podrán otorgar hasta 10.000 visas por año para inversionistas que generen empleo a diez personas y cumplan otros requisitos como empresarios. Los inversionistas bajo este programa invierten en promedio por lo menos $500.000 en áreas rurales, o áreas de desempleo.

Refugio y asilo político

Las personas que están siendo o han sido perseguidas por su raza, religión, nacionalidad, participación en algún grupo social específico o simplemente por su opinión política, pueden solicitar un estatus de esta clase en Estados Unidos. Hay una cuota para los que piden asilo político, e incluye beneficios económicos que el Gobierno provee por ocho meses.

Lotería de visas

También existe la lotería de visas, oficialmente llamada Diversity Lottery Program (Programa de Lotería de Diversidad). Es un programa dirigido a personas de países con índices bajos de inmigración a Estados Unidos. Cada año hay 50.000 visas disponibles para inmigrantes a través de este programa. Estas visas no están disponibles para las personas de los países que han enviado a más de 50.000 inmigrantes a Estados Unidos en los últimos cinco años. La lotería se realiza cada año y elige a los ganadores entre todas las solicitudes aprobadas, de acuerdo con las reglas. Las personas seleccionadas pueden solicitar la residencia permanente. Si se les concede la residencia permanente, estarán autorizadas a vivir y a trabajar permanentemente en Estados Unidos.

El Departamento de Estado publica los nombres de los países que pueden participar antes de la lotería de cada año. Si quieres participar y tu país está en esa lista, debes tener un título de educación secundaria o equivalente, definido en Estados Unidos como doce años de educación elemental y secundaria, o dos años de experiencia de trabajo dentro de los últimos cinco años, en una ocupación que requiera por lo menos dos años de entrenamiento o experiencia para realizarlo. Puedes obtener más información en el siguiente enlace: www .dvlottery.state.gov.

LA "*GREEN CARD*" O TARJETA DE RESIDENCIA

La *green card* es la tarjeta que emite el Gobierno estadounidense a los residentes permanentes legítimos (inmigrantes) como prueba de su autorización para vivir y trabajar en Estados Unidos. Oficialmente se llama Formulario I-551, y se conoce como la tarjeta verde, no por su actual color sino por el original que tenía hace muchos años. Esta tarjeta te da seguridad, porque autoriza y confirma ante los funcionarios del Gobierno y empleadores de Estados Unidos tu derecho de vivir permanentemente y trabajar en el país.

Ley de los diez años

Cualquier persona que haya vivido durante diez años consecutivos en Estados Unidos con un estatus legal, tiene derecho a pedir su residencia si cumple con ciertos requisitos.

Patrocinio de un miembro de la familia

Los ciudadanos estadounidenses pueden pedir la residencia de sus esposos o esposas, padres, hijos y hermanos. Los residentes permanentes pueden pedir la residencia de sus esposos o esposas e hijos. Si es por matrimonio, tendrás un proceso de estatus condicional por dos años.

TRÁMITES

Prepara los documentos requeridos para la solicitud:

- ✓ Pasaporte válido.
- ✓ Formulario de solicitud.
- ✓ Documentos para verificar los datos de la solicitud, empleo, razón del viaje y estado financiero.

Presenta tu solicitud y documentos adicionales ante la Embajada o Consulado americano, que decidirá si cumples con los requisitos para obtener la visa solicitada. Encontrarás la dirección de tu embajada en este sitio: www.usembassy.gov.

Pueden llegar a pedirte más información si el funcionario consular tiene alguna duda. De ser así, esto puede demorar tu solicitud entre cuatro y seis semanas. En la mayoría de los casos esto no ocurre.

En caso de que no aprueben tu visa, deberás esperar un tiempo mínimo establecido para presentar una solicitud nuevamente.

CONSEJO:

Para obtener información más específica y detallada, consulta las leyes, normas, formularios y guías del Servicio de Ciudadanía e Inmigración de los Estados Unidos (U.S. Citizenship and Immigration Services, USCIS). Debes consultar siempre estos recursos más detallados si te interesa un tema o caso de inmigración específico. La mayor parte de la información necesaria la podrás encontrar en la siguiente dirección del USCIS en la web: www.uscis.gov. También es aconsejable consultar a un profesional calificado en la materia, como ser un abogado de inmigración.

EL SEGURO SOCIAL

Una vez que llegues a Estados Unidos, necesitarás tener una identificación estadounidense. La mayoría de las personas que viven aquí tienen un número de Seguro Social.

El Sistema del Seguro Social (Social Security) se estableció en la década de 1930 para dar asistencia financiera a los incapacitados y personas mayores. Los empleadores y empleados deben pagar impuestos del Seguro Social para contribuir con este fondo. Cada ciudadano y residente permanente de Estados Unidos tiene un número único de Seguro Social para llevar control de los fondos que le corresponden según su perfil y aporte, y asignar beneficios a quienes tienen derecho a recibirlos. Algunos visitantes temporales, estudiantes y trabajadores con visa de no inmigrante también pueden obtener su número de Seguro Social.

La tarjeta del Seguro Social es un documento muy importante en Estados Unidos. No solamente te da ciertos beneficios una vez que te retires, sino que además los empleadores, bancos, escuelas y el USCIS usan la tarjeta de Seguro Social como una forma de identificación. El Seguro Social es un sistema complejo que está ligado a muchas otras bases de datos y servicios del Gobierno y privadas.

Si buscas empleo en Estados Unidos necesitas un número de Seguro Social. El número de Seguro Social también es necesario para pagar impuestos. Las tarjetas de Seguro Social normalmente solo se otorgan a ciudadanos de Estados Unidos o residentes permanentes y personas con permiso de trabajar en Estados Unidos. Sin embargo,

CORTESÍA SOCIAL SECURITY ADMINISTRATION; MODIFICADO POR iPUBLICIDADES.COM

hay dos tipos de tarjetas de Seguro Social que se emiten para extranjeros con autorización de trabajo por un lado, y para estudiantes extranjeros y personas con visas temporales por el otro. Estas tarjetas de Seguro Social contienen algunas de estas restricciones impresas en ellas.

1. VÁLIDO PARA TRABAJAR SOLAMENTE CON AUTORIZACIÓN DEL DHS (*VALID FOR WORK ONLY WITH DHS AUTHORIZATION*)
2. NO VÁLIDO PARA EMPLEO (*NOT VALID FOR EMPLOYMENT*)

Para solicitar un número y tarjeta de Seguro Social, debes reunir por lo menos dos documentos que prueben tu identidad, edad, ciudadanía estadounidense o estado inmigratorio. Si no eres ciudadano, el Seguro Social te pedirá que muestres tu visa de inmigrante, tu pasaporte extranjero vigente o permiso para trabajar. Todos los documentos tienen que ser originales o copias certificadas *por la agencia que las emitió*. No se aceptan fotocopias o copias notariadas. Luego deberás llenar la Solicitud para una Tarjeta de Seguro Social (formulario SS-5-SP) y llevarla o enviarla junto con tus documentos a tu oficina local de Seguro Social. Para más información, consulta la página: www.socialsecurity.gov/espanol/centrosdetarjetas/local.

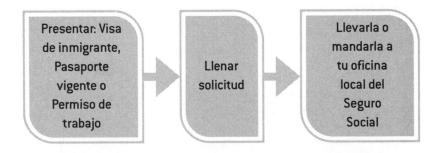

IMPORTANTE: *Las personas que no son elegibles para obtener un número de Seguro Social pueden solicitar el Número de Identificación Personal del Contribuyente (Individual Taxpayer Identification Number, ITIN).*

El Número de Identificación Personal del Contribuyente se creó para inversionistas y visitantes extranjeros que deben pagar impuestos pero no pueden tener un número de Seguro Social. Sin embargo, recientemente una gran cantidad de extranjeros indocumentados ha obtenido el ITIN, que los habilita a declarar impuestos legalmente en Estados Unidos, aunque no tengan la condición inmigratoria adecuada.

El ITIN es un número fiscal emitido por el Servicio de Impuestos Internos, (Internal Revenue Service, IRS) y no está relacionado con el USCIS ni con la Administración del Seguro Social (Social Security Administration). El ITIN se emite únicamente para propósitos fiscales. Un Número de Identificación (ITIN) no te otorga el derecho de trabajar o vivir en Estados Unidos.

Las personas que ya tienen un Número de Seguro Social no deben solicitar un ITIN, porque no se permite tener un Número de Seguro Social y un ITIN. Las personas que tienen un Número de Seguro Social válido deben declarar los impuestos utilizando el Número de Seguro Social, no un ITIN.

Hay muchas ventajas en declarar impuestos y obtener un Número de Identificación Personal del Contribuyente:

> ➤ Puedes obtener un reembolso de efectivo sobre tus declaraciones fiscales.
> ➤ Puedes probar que has vivido en Estados Unidos.
> ➤ Declarar impuestos es considerado como una "buena conducta moral" por el USCIS.
> ➤ Cumples con las leyes tributarias de Estados Unidos al declarar y pagar impuestos.
> ➤ Cuando pides un préstamo, los bancos y compañías hipotecarias pueden pedirte las declaraciones de impuestos.
> ➤ Declarar impuestos puede ayudarte a solicitar la residencia en el futuro.
> ➤ Algunos bancos y empresas de tarjetas de crédito pueden permitirte abrir una cuenta con un ITIN, en lugar de un número de Seguro Social.
> ➤ Creas un historial de crédito al obtener un ITIN y presentar impuestos.

➤ Declarar impuestos con un ITIN puede ayudarte a solicitar la condición de inmigración legal, si el Gobierno de los Estados Unidos aprueba la Amnistía Inmigratoria (para más información visita: www.usimmigrationsupport.org/amnistia .html).

Este último punto es sumamente importante si estás pensando quedarte en Estados Unidos por mucho tiempo y es muy recomendable.

LA LICENCIA DE CONDUCIR

Antes de viajar a Estados Unidos tendrás que averiguar si tu licencia de conducir es válida como turista en ese país para evitar una multa, ya que es ilegal conducir sin licencia. Puedes conseguir más información en el Departamento de Vehículos Motorizados (Department of Motor Vehicles, DMV) yendo a: www.usa.gov/topics/motorvehicles .shtml.

Para solicitar una licencia de conducir o tarjeta de identificación, debes presentar:

1. Tarjeta de tu Registro como Extranjero (*Green Card*, Formulario I-151 o I-551); o
2. Cuño de I-551 en el pasaporte o en el I-94 (Formulario de entrada y salida de Estados Unidos); u
3. Orden de un Juez de Inmigración con tu número de extranjero, otorgando el asilo; o
4. I-797, con tu número de extranjero, estableciendo que te han concedido el asilo; o
5. I-797 u otro formulario de la Oficina de Servicios de Ciudadanía e Inmigración, con tu número de extranjero, estableciendo que tu solicitud de estatus de Refugiado ha sido aprobada.

Tanto la licencia de conducir como la identificación del Estado, que también se conoce como "*state ID*", son una forma de identificación importante en Estados Unidos. Además de autorizarte a manejar un vehículo, puedes usarlas como identificación para muchas otras cosas, como cambio de cheques, abrir cuentas bancarias, viajar dentro de Estados Unidos, y también es una prueba legal de edad para comprar alcohol y tabaco. Puedes usar el *state ID* como una forma de identificación, pero NO te autoriza a conducir un vehículo.

Cada uno de los cincuenta estados emite sus propias licencias de conducir y tarjetas de identificación, que pueden usarse en cualquier parte de Estados Unidos, Canadá, y a veces en algunos otros países.

Requisitos

Los requisitos para obtener una licencia de conducir estadounidense son el examen escrito, el examen de manejo y el examen de visión. Sin embargo, cada uno de los cincuenta estados (y territorios) tiene sus propios requisitos y procedimientos de solicitud.

Ciertos estados permiten que uses tu licencia extranjera como prueba de tu habilidad para conducir un vehículo y, en general, no requieren que tomes el examen de manejo práctico de nuevo.

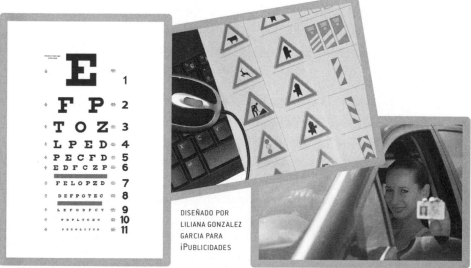

DISEÑADO POR
LILIANA GONZALEZ
GARCIA PARA
¡PUBLICIDADES

© DEPOSITPHOTOS.COM/JOE BELANGER

© DEPOSITPHOTOS.COM/EDDIEPHOTOGRAPH

También hay diferentes "clases" de licencias dependiendo del tipo de vehículo: autos, motocicletas, camiones, vehículos comerciales y otros. Además, puedes transferir tu licencia de otro estado a tu nuevo estado de residencia. Este proceso es diferente en cada estado y, en general, hay que dar el examen de visión y/o el examen escrito, pero no el examen práctico de manejo.

Desde que se promulgó una nueva ley federal (llamada la ley de la verdadera identificación (*Real ID Act*)), se obliga a mostrar prueba de estatus migratorio legal en Estados Unidos para obtener una licencia de conducir de cualquier estado. Desde mayo de 2008, las licencias de conducir que no cumplan estos requisitos no se aceptan como identificación legal para poder entrar en un edificio federal o abordar un avión en Estados Unidos. Los cincuenta estados de Estados Unidos están actualizando sus requisitos y empezando a pedir prueba de estatus migratorio legal en Estados Unidos. Sin embargo, en varios estados todavía no es un requisito.

TUS DERECHOS Y RESPONSABILIDADES

Como residente permanente, tienes la obligación de respetar Estados Unidos, darle tu lealtad y cumplir con sus leyes. Tu residencia permanente también implica nuevos derechos y responsabilidades.

La residencia permanente es un privilegio, no un derecho, y debes cuidarla. El Gobierno de los Estados Unidos puede quitarte tu residencia permanente bajo ciertas circunstancias. Debes mantener tus derechos de residencia permanente si deseas vivir y trabajar en este país, y obtener algún día la ciudadanía.

Lo que hagas como residente permanente puede afectar tus posibilidades de obtener la ciudadanía en el futuro. El proceso para obtener la ciudadanía se llama "naturalización".

Como residente permanente, tienes derecho a:

> ➤ Vivir y trabajar permanentemente en cualquier parte de Estados Unidos.
> ➤ Solicitar la ciudadanía una vez que hayas cumplido con los requisitos.

> ➤ Solicitar visas para que tu cónyuge y tus hijos solteros vivan en Estados Unidos.
> ➤ Recibir beneficios del Seguro Social, del Seguro de Ingreso Suplementario (Supplemental Security Income) y de Medicare, si cumples con los requisitos.
> ➤ Adquirir propiedades en Estados Unidos.
> ➤ Solicitar una licencia para conducir un vehículo en tu estado.
> ➤ Salir del país y volver a entrar bajo ciertas circunstancias.
> ➤ Asistir a una escuela pública y a una institución de educación superior.
> ➤ Alistarte en ciertas ramas de las Fuerzas Armadas de Estados Unidos.
> ➤ Comprar o tener un arma de fuego, siempre que no haya restricciones estatales o locales que lo prohíban.

Como residente permanente, tienes la responsabilidad de:

> ➤ Obedecer todas las leyes federales, estatales y locales.
> ➤ Pagar los impuestos sobre la renta federales, estatales y locales.
> ➤ Inscribirte en el Sistema del Servicio Selectivo de las Fuerzas Armadas de los Estados Unidos, si eres un varón de entre dieciocho y veintiséis años de edad.
> ➤ Mantener tu residencia permanente.
> ➤ Llevar contigo en todo momento documentación que compruebe tu residencia permanente.

Notificar en línea o por escrito al Departamento de Seguridad Nacional (Department of Homeland Security, DHS) tu nueva dirección cada vez que te mudes de casa. Deberás hacerlo dentro de un plazo no mayor de diez días después de tu mudanza.

CONSEJO:

Guarda en un lugar seguro los documentos importantes de tu país. Entre estos documentos están:

1. Pasaporte.
2. Certificado de nacimiento.
3. Certificado de matrimonio.
4. Certificado de divorcio.
5. Diplomas que comprueban que te graduaste de la escuela secundaria o de una institución de educación superior.
6. Certificados que demuestran que tienes capacitación o aptitudes especiales.

CÓMO MANTENER TU RESIDENCIA PERMANENTE

Cualquier residente permanente de Estados Unidos que esté fuera del país durante mucho tiempo, o que no pueda demostrar su intención de vivir permanentemente en Estados Unidos, puede perder su residencia permanente.

Muchos creen que pueden vivir en el extranjero, siempre que regresen a Estados Unidos por lo menos una vez al año. Esto no es así. Si crees que vas a ausentarte del país durante más de doce meses, tendrás que solicitar un permiso de reingreso antes de viajar. Es el Formulario I-131, Solicitud de Documento de Viaje (Application for a Travel Document). Puedes obtener este formulario en: www.uscis.gov. Tienes que pagar una tarifa al presentar el Formulario I-131.

El permiso de reingreso es válido hasta por dos años. Podrás presentar el permiso de reingreso en vez de una visa o tu tarjeta de residente permanente en cualquier puerto de entrada.

CONSEJO:

Mantén copias de todos los formularios que envíes al USCIS y a otras oficinas gubernamentales. Al enviar documentos, no envíes los originales. Envía copias. A veces, los formularios se pierden. Tus copias pueden ayudarte a evitar problemas.

Cómo obtener ayuda legal

Si necesitas ayuda con un asunto de inmigración, puedes usar los servicios de un abogado de inmigración especializado. Puedes consultar con el Colegio de Abogados local (Bar Association) para localizar a un abogado que reúna estos requisitos.

Algunos estados certifican a abogados especializados en leyes de inmigración. Estos abogados han aprobado exámenes para comprobar que tienen conocimientos especiales sobre las leyes de inmigración. Los siguientes estados publican en sus sitios web listas de especialistas certificados: California, Florida, Carolina del Norte y Texas. Sin embargo, debes tener en cuenta que eres el responsable de decidir si quieres contratar o no a un abogado.

Generalmente, en cada oficina local del USCIS también hay listas de organizaciones locales reconocidas que ofrecen servicios gratuitos (*pro bono*).

¡Ten cuidado con los "consultores de inmigración"!

Muchos consultores de inmigración son honestos y competentes y pueden prestarte un buen servicio. Sin embargo, hay ciertas personas que se aprovechan.

Antes de consultar a alguien sobre asuntos de inmigración y antes de gastar tu dinero, te conviene investigar los recursos disponibles para poder tomar la decisión correcta sobre el tipo de ayuda legal que necesitas.

Cosas que debes tener en cuenta:

> Ninguna organización privada ni persona particular que ofrezca ayuda en asuntos de inmigración tiene una relación especial con el USCIS. Si alguien te hace promesas exageradas o dice tener una relación especial con el USCIS, no le creas. No confíes en personas que te garantizan buenos resultados o un trámite más rápido. Si no cumples con los requisitos para recibir un beneficio inmigratorio, no podrás cambiar esa situación con la ayuda de un abogado o consultor de inmigración.

> Algunos consultores, agencias de viajes, oficinas inmobiliarias y notarios públicos ofrecen servicios de inmigración. Asegúrate de hacerles preguntas y pídeles ver copias de sus cartas de acreditación o de su certificación por el Colegio de Abogados. Algunas personas que dicen ser competentes para ofrecer servicios legales no lo son y pueden cometer errores que te causarán problemas graves.

> Si decides emplear a alguien como tu consultor o representante legal, obtén un contrato por escrito. El contrato debe estar escrito en inglés y en tu propio idioma, si el inglés no es tu lengua materna. Y también deberá incluir todos los servicios que se te prestarán y su costo. Pide referencias antes de firmar el contrato.

CONSEJO:

Si necesitas ayuda legal con un asunto de inmigración, pero no tienes suficiente dinero para obtenerla, hay algunas opciones de ayuda a bajo costo o gratuitas. Puedes solicitar la ayuda de organizaciones reconocidas por la Junta de Apelaciones de Inmigración (Board of Immigration Appeals, BIA). (Consulta la siguiente dirección en la web: www.usdoj.gov/eoir/probono/states.htm). La mejor recomendación es que entiendas a fondo las leyes y que estudies las recomendaciones de un abogado antes de tramitar documentos; algunas veces es mejor consultar con más de un abogado.

RESUMEN

En este capítulo pudimos revisar las ventajas y desventajas de vivir en Estados Unidos, cómo funciona el Gobierno, evaluar los tipos de visas que existen, la importancia del Seguro Social y cómo sacar una licencia de conducir. Por si estás evaluando la posibilidad, o en el proceso de convertirte en residente, agregamos tus derechos y responsabilidades. En mi experiencia, esta información es el primer paso para tu plan de vida en Estados Unidos. Muchos inmigrantes han sido exitosos en este proceso, los que no lo han sido, en algunas ocasiones fue por mala asesoría. Es por eso que entrevisté a Michelle Valerio, una amiga y abogada de inmigración de un bufete en Miami con presencia a nivel mundial, para ayudarnos con algunos puntos importantes.

Entrevista con los expertos

¿Qué es lo primero que le dirías a una familia que tiene la intención de mudarse a Estados Unidos en cuanto a su estatus legal?

A veces las personas que vienen a vivir a Estados Unidos olvidan que necesitan un visado válido (a menos que sean de un país incluido en el Programa de Exención de Visas (Visa Waiver Program, VWP)) y pasaporte vigente para entrar. Puede parecer obvio, pero tener un visado válido y poder entrar o quedarse en Estados Unidos son dos cosas diferentes. Se debe solicitar una visa en el Consulado de los Estados Unidos mientras se aplica para ciertos tipos de estatus de no inmigrante ante el USCIS. Hay que recordar que se pueden quedar por el tiempo que indica el formulario I-94, no por el que dice la visa.

¿Cómo puede una familia elegir un abogado de inmigración? ¿En qué debería concentrarse?

El conocimiento y la experiencia son importantes, pero también lo son la fiabilidad y la comunicación. Que sea un abogado que responda a las llamadas telefónicas o correos electrónicos y dé un presupuesto al inicio del proceso. Hay muchos buenos abogados de inmigración pero, dada la tensión relacionada con el proceso de inmigración, los mejores son los que tienen en cuenta las preguntas y necesidades de las personas. También hay que pedir referencias y asegurarse de que el abogado sea un experto en el tipo de visa que están buscando. Algunos abogados están más especializados en inmigración criminal, de familia o inmigración por negocios. Es importante elegir un abogado con la especialidad correcta y la experiencia que satisfaga las necesidades del cliente. Además, por favor, que no usen un "notario" o servicio de inmigración no acreditado, porque no tendrán ningún remedio si hay un error en su caso. Aunque sea más caro, siempre se debe consultar a un abogado de inmigración.

¿Qué debe evitar hacer una familia al preparar sus documentos?

Realmente no recomiendo que una familia prepare sus propios documentos de inmigración, a menos que estén muy familiarizados con las leyes de inmigración y tengan un montón de tiempo para leer y verificar las leyes y sus documentos para asegurarse de que no haya errores. Recomiendo especialmente contratar a un abogado para un proceso que es tan importante y difícil de solucionar si hay algún problema.

¿Cuáles son las primeras cosas que una familia debe hacer cuando llega? ¿Identificación tributaria, Seguro Social, etc.?

No todo el mundo tiene derecho a solicitar una tarjeta de Seguro Social o licencia de conducir; depende de la situación de residencia y de su condición migratoria, pero si es elegible debería solicitarlas apenas llegue.

¿Qué puede hacer una familia para mejorar su estado de inmigración o cuáles son las mejores prácticas?

Lo primero que debe hacer cualquier persona es la planificación de impuestos de Estados Unidos, de acuerdo con su nivel de ingresos. Muchas personas que pasan una cantidad significativa de tiempo en Estados Unidos están sujetas a impuestos sobre la renta, aunque no sean residentes. Respecto de la inmigración, la planificación adecuada también es importante, sobre todo en lo que respecta a la residencia permanente. Algunas visas de no inmigrante son solo para un período limitado y, por lo tanto, es importante empezar a planear la residencia con tiempo. Además, deben guardar todos sus documentos de inmigración, registro de todas las entradas y salidas de Estados Unidos y hacer fotocopias de sus tarjetas I-94. Nunca se sabe cuándo van a necesitar esta información.

¿Puedes compartir una historia de éxito donde las cosas salieron bien y una historia donde las cosas no salieron bien, pero podrían haberse previsto?

La mayoría de las historias de inmigración en las que las personas han planificado correctamente, son historias de éxito. Sé que ya hemos hablado de que todos necesitan un plan, ¡pero es tan importante! Mis historias favoritas son las de estudiantes que se han graduado en universidades de Estados Unidos y obtienen la residencia permanente de su empleador después de trabajar durante algunos años. Por otro lado, veo a menudo casos en que una persona solicita una *green card*, pero no incluye a su cónyuge en la solicitud (tal vez debido a que viaja al extranjero, razones financieras o de otro tipo). Esta es una muy mala decisión por dos razones: cuando el individuo se convierte en residente permanente, esto no le da automáticamente la residencia a la pareja. De hecho, los cónyuges de residentes permanentes tienen que esperar a veces varios años antes de obtenerla. Si el cónyuge tenía una visa de dependiente, perderá ese estado y si no tiene otras opciones, es posible que tenga que salir de Estados Unidos y esperar la tarjeta de residencia durante unos años en el extranjero. Esto sucede con más frecuencia de lo que debería y es muy triste.

Historias de inmigrantes

Carmen y Ricardo

Carmen y Ricardo son una pareja joven venezolana con dos niños pequeños. Debido a la inestabilidad política y económica de su país, deciden viajar a Estados Unidos con una visa temporal. Sus amigos, que no son abogados, les dicen que no tendrán ningún problema en conseguir trabajo, ya que Ricardo trabaja para la policía venezolana y en Estados Unidos la policía tiene muy buenos beneficios.

Al llegar a Estados Unidos, Ricardo averigua dónde está la estación de policía más cercana, imprime un mapa con la dirección y se dirige a la estación. Con sus documentos en mano y su currículum, que demuestran que también era abogado en su país, va decidido a pedir trabajo. Al llegar a la estación, Ricardo pide hablar con el *sheriff* y le explica la situación de su país. El *sheriff* le pregunta, "¿Eres ciudadano de Estados Unidos?", y Ricardo le dice que no. El *sheriff* le explica que para trabajar para el Gobierno, uno debe ser ciudadano o tener la residencia.

Desilusionado, pero decidido a quedarse en el país, Ricardo busca trabajo de puerta en puerta y, como tiene un inglés limitado, sus opciones no son muchas y logra conseguir un trabajo de mecánico. Pasan los meses, y luego de consultar con muchos amigos, deciden quedarse en Estados Unidos con la visa vencida. Un día, Carmen escucha en la radio sobre un programa de asilo político para los venezolanos. Llama al abogado, le da todos los datos de su familia, emocionada al creer que ya podrán tener sus documentos al día. El abogado, después de evaluar su situación, le dice a Carmen, "hubieras venido hace un mes; se te acaba de vencer el tiempo límite para la aplicación de asilo político". Es lamentable, pero por eso es muy importante asesorarse con profesionales certificados lo antes posible.

Roberto y Julie

También está la historia del doctor Roberto, que se casó con Julie, una estadounidense, por amor, justo cuando su visa estaba a punto de vencerse. Resultó que a los tres meses de casados se dieron cuenta de que no se llevaban bien y ella le pidió el divorcio. El doctor decidió quedarse en Estados Unidos sin documentos y tuvo que trabajar en una estación de taxis en lugar de un hospital por la falta del permiso de trabajo. Además, las sanciones por la participación en fraude matrimonial pueden incluir perjurio. La participación en fraude matrimonial puede resultar en hasta cinco años de prisión y/o hasta $250.000 en multas.

Tu plan de acción

Con la ayuda de esta tabla, toma nota de las fechas en las que completas los diferentes pasos a seguir, y anota toda información importante que no quieras olvidar.

ACCIÓN	FECHA DE FINALIZACIÓN	COMENTARIOS/ NOTAS
En mi país		
Analizar categoría de visa		
Preparar documentos adicionales de apoyo		
Obtener la visa		
En Estados Unidos		
Obtener número de Seguro Social		
Sacar licencia de conducir		

SEGUNDA PARTE

Desarrolla tu estrategia de trabajo

I NTRODUCCIÓN: ENCUENTRA TU PASIÓN

Una vez que hemos determinado qué tipo de permiso nos llevará a Estados Unidos y que tenemos los documentos necesarios, es igualmente importante identificar cómo vamos a ganar dinero. Aquí comparto una historia de mis experiencias.

Durante los años de escuela tuve muchos trabajos diferentes (¡en países diferentes!): cuidaba a los niños de la vecina en Wellesley, Massachusetts, les daba tutoría de computación a los padres de mis amigos en Perú, y tuve otros trabajos en México también. Pero cuando entré a la universidad a los diecisiete años en Texas, tuve mi primer trabajo en serio. Lo encontré después de muchos domingos revisando la sección de trabajos. Fui a muchas entrevistas y finalmente José me contrató.

José era el dueño de una empresa que vendía autos usados y yo me encargaba de cobrarles a las personas que no pagaban a tiempo. A medida que ejercía mi trabajo me daba cuenta de las altas tasas de interés que cobraba por los autos usados, pero José me decía que él se sentía bien dándole crédito a personas que no tendrían crédito en ningún otro lugar. Trabaje con José hasta que terminé mis estudios universitarios.

Cuando ya era tiempo de prepararme para encontrar algo fijo, decidí poner al día mi currículum y preparar una carta de presentación, que imprimí más de cien veces. Una noche una amiga y yo nos fuimos a la biblioteca, sacamos el libro de las 100 empresas más grandes del mundo para buscar el contacto y la dirección y, una por una, le mandamos mi currículum y mi carta de presentación a todas las empresas que figuraban en ese libro. Me acuerdo de haber cerrado cada sobre como si hubiese sido la semana pasada. Esta actividad, que me pareció eterna, me ayudó mucho a prepararme para encontrar el trabajo que quería y a darme cuenta de que la mayoría de trabajos los encuentras a través de las personas que conoces, no necesariamente mandando tu currículum a cientos de empresas.

Para buscar mi siguiente trabajo, además de hacer todos esos envíos por correo, dediqué mucho tiempo a decirles a todas las personas que conocía que estaba buscando trabajo y que estaba dispuesta a empezar en un puesto junior. Cuando te gradúas de una universidad en Estados Unidos, el Gobierno te da la oportunidad de solicitar un permiso de trabajo temporal que llaman OPT (Optional Practical Training), que ya mencioné en la primera parte en la sección de visas.

Una de las personas a las que contacté, Marcelo, el gerente de inversiones de un banco en Nueva York, me dijo por teléfono que no tenía un puesto disponible, pero insistí en tener una reunión para aprender acerca de su negocio. Cuando lo conocí, yo tenía apenas veinte años, no tenía mucha experiencia y él no estaba buscando gente para el equipo. Además, él administraba fondos de pensión y yo no tenía idea de qué era un fondo de pensión. Estuvimos conversando durante treinta minutos, él explicándome lo que hacía y yo pendiente de encontrar una oportunidad en lo que me estaba diciendo. Marcelo estaba un poco frustrado porque tenía clientes hispanos y su equipo no conocía muy a fondo la cultura hispana. Inmediatamente aproveché para demostrarle cómo podía aportar a su equipo. Pero tuve que esperar tres meses, ya que mi permiso de trabajo temporal se demoró. Durante la espera, ayudé a un amigo con su restaurante, le pedí a una amiga que me alquilara un cuarto e hice voluntariado en un campamento de niños.

Encontrar trabajo depende mucho de tu dedicación organizando tu red de personas que te puedan ayudar. A eso se le llama *networking*. Hoy, Internet será tu mejor amigo para buscar trabajo. Allí encontrarás cómo hacer tu perfil en LinkedIn y también podrás buscar oportunidades, dependiendo del área en que quieras trabajar. La clave está en saber qué es lo que quieres hacer y en enfocar tu perfil, actividades y habilidades en algo por lo cual tengas pasión. En esta sección te ayudaré paso por paso a que estés preparado para encontrar un trabajo.

Seguramente sabes qué te gusta y qué te motiva. La motivación es la ilusión de las personas por algo o por hacer algo. La motivación es el motor que mueve el mundo. Está comprobado que las personas se desempeñan mucho mejor si hacen algo que les gusta.

PREGUNTAS:

✓ ¿De qué puedes hablar sin parar?
✓ ¿Qué hace que te levantes entusiasmado en la mañana?
✓ ¿Qué te encanta hacer y pierdes la noción del tiempo al hacerlo?
✓ ¿Cuál es tu valor agregado, único?

Una vez que sabes cuál es tu pasión, nos enfocamos en los pasos que debes seguir. En la siguiente sección veremos qué necesitas para una búsqueda de trabajo exitosa.

ELEMENTOS NECESARIOS

Teléfono e Internet

Si todavía no lo tienes, tendrás que tener un número de teléfono permanente e Internet a tu disposición con un correo electrónico que sea profesional como, por ejemplo, JosePerez @xxx. El servicio de teléfono celular más económico te costará $50 al mes con línea básica, pero será clave para buscar trabajo, comunicarte con todo el mundo, pedir citas con empleadores, otros empresarios y registrar tu nuevo negocio, entre otras cosas.

Para generar ingresos, puedes decidir ser empresario y empezar tu propio negocio o trabajar para una

© DEPOSITPHOTOS.COM/DANNY HOOKS

empresa. Si quieres ser empresario deberás tener el capital, una red de apoyo y tiempo para hacer un plan estratégico para tu negocio.

Hay muchos recursos que te pueden ayudar. Lo primero será registrar el nombre y decidir qué entidad será la mejor. Fíjate en la sección de recursos al final del libro para asesorarte mejor, y más adelante en esta sección, en "Si quieres ser empresario".

Tu currículum vítae u hoja de vida

Necesitarás tener un currículum, o sea, una lista de tus experiencias de trabajo. Tu currículum le dará información a tu posible empleador sobre tus empleos anteriores, tu educación o capacitación laboral y tus aptitudes. Te aconsejo que se lo enseñes a alguien de confianza antes de mandarlo y recuerda que hoy en día no es necesario agregar una foto, ni poner tu estado civil o información sobre la familia.

UN BUEN CURRÍCULUM:

✓ Tendrá tu nombre, correo electrónico profesional y número de teléfono.

✓ Mencionará tus empleos anteriores y las fechas en que los desempeñaste.

✓ Indicará tu nivel de educación.

✓ Mencionará tus aptitudes especiales.

✓ Será fácil de leer y no tendrá errores.

Algunos consejos que pueden venirte bien:

> El objetivo principal de tu currículum es convencer a los empleadores de que te inviten a una entrevista personal. Por lo tanto, es una herramienta de *marketing* que debe adaptarse al mercado en el que quieres usarlo.

> Es recomendable escribir un breve perfil de ti mismo, utilizando frases cortas y directas, llenas de verbos de acción y

de palabras clave. Comienza mencionando claramente el objetivo y/o la meta de tu carrera.

> Los empleadores a menudo los escanean para hacer una primera selección automática de los candidatos, así que evita utilizar letra cursiva o negrita.

MODELO DE CURRÍCULUM

Cuando prepares tu currículum, debes evitar una serie de errores muy comunes si quieres que tenga éxito. Conócelos y tenlos en cuenta:

> No escribas el título "Currículum vítae" en la parte superior. Esta información ya se sabe. Es mucho mejor encabezar el currículum con tu nombre, en una letra un poco más grande, y tus datos personales.

> Defínete de forma clara, organizada y breve. Demasiada explicación aburre a quien lo lee.

> No menciones remuneraciones, objetivos económicos o sueldos en el currículum. Ya habrá tiempo para eso.

> No es necesario adjuntar las referencias en el currículum. Tampoco hace falta el expediente académico.

> No indiques todos los seminarios o cursos a los que has asistido. El espacio del currículum es muy limitado, así que indica sólo los más importantes.

Profesión/ Área profesional

Años de experiencia

Nombre Apellido 1 Apellido 2
de calle, Calle, # de apartamento Ciudad, Estado, Código postal **Número de teléfono fijo** **Número de teléfono móvil** **Dirección de correo electrónico**

Experiencia profesional

1999–2001 **Nombre del grupo en el que se ha trabajado**

Cargo: Nombre del cargo que se ha desempeñado

Función: Descripción de las funciones que se han desempeñado en la empresa. No es necesario que sean muy detalladas, pero sí que den una idea general de las capacidades.

1999–2001 **Nombre del grupo en el que se ha trabajado**

Cargo: Nombre del cargo que se ha desempeñado

Función: Descripción de las funciones que se han desempeñado en la empresa. No es necesario que sean muy detalladas, pero sí que den una idea general de las capacidades.

1999–2001 **Nombre del grupo en el que se ha trabajado**

Cargo: Nombre del cargo que se ha desempeñado

Función: Descripción de las funciones que se han desempeñado en la empresa. No es necesario que sean muy detalladas, pero sí que den una idea general de las capacidades.

Logros destacables

Logro 1:
Breve descripción
de las capacidades
demostradas.

Logro 2:
Breve descripción
de las capacidades
demostradas.

Logro 3:
Breve descripción
de las capacidades
demostradas.

Formación académica

1999–2001 **Nombre de la titulación**
Institución que otorga el título
Breve descripción de la formación adquirida

1999–2001 **Nombre de la titulación**
Institución que otorga el título
Breve descripción de la formación adquirida

1999–2001 **Nombre de la titulación**
Institución que otorga el título
Breve descripción de la formación adquirida

Idiomas	Informática	Otros datos
Inglés: Nivel idioma Título acredita **Alemán:** Nivel idioma Título acredita **Francés:** Nivel título Título acredita	**Programa:** Nivel de conocimiento. Título **Programa:** Nivel de conocimiento. Título **Programa:** Nivel de conocimiento. Título	Carnet de conducer Disponibilidad Movilidad Etc.

DESARROLLA UNA ESTRATEGIA DE BÚSQUEDA

Hay muchas maneras de buscar empleo en Estados. La mejor forma de saber qué hay disponible en tu comunidad es que busques por Internet en buscadores de trabajo como monster.com, careerbuilder .com, o puedes ir directamente a la página web de la empresa donde quieres trabajar y buscar en el área de recursos humanos.

Deberás mandarte a hacer tarjetas de presentación (*business cards*), con tu nombre, correo electrónico, dirección postal y especialidad, para que cuando vayas a eventos de organizaciones que se asimilen a tu interés puedas intercambiar información. También es importante agregar la dirección del perfil de LinkedIn. Las tarjetas de presentación se pueden mandar a hacer por Internet o en una librería.

En la situación económica actual, son muchas las personas que no tienen trabajo y deben buscar de forma persistente, día a día, nuevas oportunidades profesionales. Enviar tu currículum (o *résumé* en Estados Unidos) por correo electrónico a un potencial empleador ya no es suficiente, a no ser que seas muy creativo y consigas diferenciarte de los cientos que reciben las empresas cada mes.

Cuando uses LinkedIn, asegúrate de que la foto sea profesional y luego invierte tiempo buscando a tus amigos, colegas, compañeros de colegio, universidad, etc. Busca grupos en LinkedIn que sean de tu

DISEÑADO POR LILIANA GONZALEZ GARCIA PARA iPUBLICIDADES

© DEPOSITPHOTOS.COM/PHOTOGRAPHY33

interés y haz preguntas abiertas que atraigan a profesionales con los mismos intereses que tú. Puedes usar Facebook para que las personas te presenten a los profesionales que quieres conocer.

También puedes recurrir a un *recruiter*, un profesional de recursos humanos que trabaja para empresas de selección de personal. Estas empresas ofrecen dicho servicio a otras empresas y manejan todo tipo de ofertas de empleo, tanto temporales como permanentes.

El trabajo del *recruiter* es revisar currículum por currículum buscando al candidato perfecto para la vacante de empleo a cubrir. Luego hace una revisión del currículum del posible candidato, normalmente en una entrevista telefónica, y si cree que es apto, lo presentará a la empresa con el consentimiento del candidato.

El problema viene cuando un recién llegado tiene que lidiar con ellos. Para empezar, hasta que no tengas un buen nivel de inglés oral, la entrevista telefónica será bastante difícil. Si tienes un buen nivel de inglés, esto no será un problema. Y si no lo tienes, también hay agencias especializadas en trabajos para hispanos, donde los *recruiters* hablan español.

Las consultoras privadas de empleo son muy importantes en el mercado estadounidense, sobre todo para puestos ejecutivos y sénior (se dice que un 70% de los ejecutivos de alto nivel son contratados a través de cazatalentos (*headhunters*)). La mayoría de estas consultoras se especializa en cierto tipo de perfil o en sectores determinados y cobran honorarios a la empresa que está contratando que a menudo incluyen una compensación variable dependiendo del sueldo si el candidato acepta la oferta de trabajo. Algunas consultoras les cobran a los candidatos, aunque estas suelen ser empresas poco confiables. Antes de pagarle a una consultora de empleo, asegúrate de que entiendes lo que te ofrecen a cambio y averigua si la consultora tiene los permisos en regla. En general, te recomiendo que no pagues nada, ya que las consultoras solo les cobran a las empresas.

Una buena forma de hacerse una idea del mercado laboral estadounidense es ir a una feria de empleo. Estas ferias suelen traer a muchas empresas de un sector determinado. Además de conseguir información sobre diferentes compañías, es posible concertar entrevistas. Suele haber bastantes ferias de empleo en los campus universitarios, pero averigua primero si hay que ser alumno para poder asistir.

Para aumentar tus posibilidades de encontrar empleo, puedes:

➤ Preguntarles a tus amistades, vecinos, familiares u otras personas en tu comunidad sobre oportunidades de empleo o buenos lugares para trabajar.
➤ Buscar en la sección de avisos clasificados del periódico bajo "*Employment*".
➤ Buscar en las ventanas de los negocios locales letreros que ofrezcan empleo (*Help Wanted*).
➤ Visitar las oficinas de empleo o de recursos humanos de empresas en tu comunidad para preguntar si hay puestos vacantes.
➤ Visitar las agencias comunitarias que ofrecen ayuda a los inmigrantes para encontrar empleos, o programas de capacitación laboral.

ALGUNAS FORMAS DE BUSCAR TRABAJO POR INTERNET

Las redes sociales son una herramienta muy eficaz. Ten en cuenta estos consejos para buscar trabajo a través de las redes sociales.

➤ Vigila tu reputación en Internet. Escribe tu nombre en un buscador como Google, y comprueba que no aparece nin-

guna referencia sobre ti que pueda ser perjudicial en un proceso de selección, como por ejemplo comentarios en foros, tener el perfil de Facebook abierto, críticas a tu último trabajo en Twitter, fotos de aquella fiesta de la que no recuerdas nada.

➤ Crea un perfil en las principales redes sociales profesionales. No es más que tu currículum personal en línea, pero con la ventaja de que te permite estar en contacto con profesionales con los que has trabajado, compañeros de universidad o con otros profesionales con los que quizá te interese estar en contacto. Además, te ofrece la posibilidad de participar en foros o conocer eventos que te interesen.

➤ Consulta las ofertas de empleo que se publican en LinkedIn. Estate atento. Esta red, de acuerdo con tu currículum, selecciona directamente ofertas que te pueden interesar. Además si consultas la sección "Quién ha visto tu perfil", podrás saber si alguien se ha interesado por ti. Los buscadores como Simplyhired, monster.com o jobkatch, se integran a LinkedIn. En ellos podrás especificar tu búsqueda·y programar la frecuencia de correos. Si quieres ver trabajos para latinos, visita: espanol.latpro.com/index.php y www.ihispano.com.

➤ Participa en foros o grupos de discusión relacionados con tu profesión y si hay eventos, asiste a ellos. Demuestra tus conocimientos, habla con otros profesionales y comparte tus experiencias.

➤ Pide que otros contactos te recomienden. Seguro que a lo largo de tu trayectoria profesional has hecho muchísimos contactos y puede ser que ahora estén dispuestos a darte una mano. Pídeles que hagan una recomendación de tu trabajo. A través de LinkedIn puedes pedírsela directamente y luego agregarla también a tu currículum.

OTROS CONSEJOS PRÁCTICOS

Consigue un trabajo de medio día

Encontrar un trabajo de medio día puede ayudarte a mantenerte mientras sigues buscando otro trabajo. Sin embargo, no dejes que este trabajo te dificulte la meta principal de encontrar el empleo de tiempo completo que quieres.

Haz cosas que te diviertan

Haz lo que más te guste en tu tiempo libre, como los fines de semana. No tengas tu mente ocupada las veinticuatro horas del día en conseguir trabajo. Durante la búsqueda de empleo acuérdate de mantenerte activo haciendo ejercicio tres veces a la semana y comiendo saludablemente.

Considera tu búsqueda de trabajo como un trabajo

Necesitas conseguir algo y debes poner todas las energías en eso, por eso mismo tómalo como un trabajo. Hazlo profesionalmente y considera ese tiempo de búsqueda como un trabajo y no como tiempo perdido. Necesitarás hacer un horario con descansos para asegurar tu productividad.

No establezcas una sola posición

Muchas veces ignorarás algunos trabajos por considerarlos inferiores a lo que estabas realizando antes. Pero en el mundo corporativo siempre hay algo mejor esperándote allá afuera. No te guíes solamente por lo que diga el aviso, averigua de qué se trata. Espera oportunidades. Como dice el refrán "las cosas buenas llegan al que sabe esperar".

Usa todos tus recursos

Dedicarte a una sola forma de buscar trabajo no es bueno. Utiliza todos los recursos y medios disponibles: el periódico, Internet, llamadas a amigos y a contactos, etc.

Ten un grupo de apoyo

Verás que tu familia y tus amigos son los mejores aliados para pasar el momento, ya que ellos también alguna vez pasaron por lo mismo. Ellos siempre estarán allí para apoyarte.

Haz una lista

Muchas personas trabajan mejor cuando tienen un listado escrito de tareas a realizar, y buscar trabajo no es muy diferente. Anota tus tareas importantes para cada día de la semana y los lugares a los que vas a ir a buscar trabajo.

Sé positivo

Siempre es bueno tener una actitud positiva en una entrevista. Que sepan que estás interesado en el trabajo y dispuesto a dar lo mejor para lograrlo.

Es obvio que luego de estos consejos no es seguro que seas más feliz cuando busques trabajo (especialmente cuando se vuelva desalentador el panorama), pero siempre ten la visión de que está por comenzar algo nuevo y excitante.

Un estudio reciente demostró que los diez mejores trabajos en Estados Unidos y los mejor pagados son los enumerados a continuación. Esto también te ayudará a escoger tu carrera si estás evaluando venir a Estados Unidos a estudiar.

- ✓ Técnico en sistemas (*software developer*).
- ✓ Fisioterapeuta (*physical therapist*).
- ✓ Asesor financiero.
- ✓ Ingeniero civil.
- ✓ Especialista en *marketing*.
- ✓ Consultor en gerencia.
- ✓ Consultor en sistemas.
- ✓ Administrador de bases de datos.
- ✓ Analista financiero.
- ✓ Ingeniero ambiental.

LA SOLICITUD DE EMPLEO Y LA ENTREVISTA

La mayoría de las empresas te pedirá que llenes una solicitud de empleo. Este es un formulario con preguntas sobre tu dirección, educación y experiencia laboral. Es posible que te pidan información sobre las personas con las que has trabajado antes (*references*). El empleador podrá llamar a esas personas para hacerles preguntas acerca de ti. Ten una lista con los contactos a mano y asegúrate de haberlos llamado antes.

Prepárate para impresionar en la entrevista de empleo

Antes de ir a la entrevista deberás buscar mucha información acerca de la empresa, entender la industria en la que se desempeña, familiarizarte con los competidores y con los nombres de los ejecutivos. Usa los buscadores de Internet para encontrar los detalles que demostrarán que hiciste tu tarea y que estás muy interesado.

Seguramente los empleadores querrán entrevistarte para conversar contigo sobre el empleo. Te harán preguntas sobre tus empleos anteriores y sobre tus aptitudes. Puedes prepararte para estas entrevistas ensayando tus respuestas con un amigo o familiar. Durante la entrevista, también puedes hacerle preguntas al empleador. Esta es una buena oportunidad para enterarte de las condiciones del empleo.

En Estados Unidos siempre hay que escribir una carta inmediatamente después de la entrevista confirmando tu interés por el puesto y la empresa.

Hay ciertas preguntas que el empleador no puede hacerte. No se permite que nadie te haga preguntas sobre tu raza, color, sexo, estado civil, religión, país de origen, edad o cualquier discapacidad que puedas tener.

Posibles preguntas durante la entrevista

Cuéntame acerca de ti...

Prepárate para hablar durante dos minutos acerca de ti mismo, sé lógico y empieza por cosas como tu educación o tu primer

© DEPOSITPHOTOS.COM/TOXAWWW

trabajo profesional. El entrevistador está tratando de evaluar tus aptitudes de comunicación y de pensamiento lineal. Un punto a tu favor podría ser describir un atributo personal importante y significativo.

¿Por qué estás dejando tu trabajo actual?

Esta es una pregunta muy crítica; nunca hables mal de la empresa en la que trabajas actualmente o de tus compañeros de trabajo. Tampoco suenes demasiado oportunista. Es aceptable mencionar problemas mayores, como la compra o cierre de la compañía, y puedes mencionar que tu oportunidad para contribuir en la compañía actual es muy pequeña debido a los grandes cambios por los que ha pasado últimamente.

¿Cuál consideras que ha sido uno de tus mayores y más significativos logros?

Una buena respuesta a esta pregunta te puede ayudar a conseguir el trabajo. Prepárate bien, responde en un período de dos minutos con una historia detallada, comentando tu participación personal y liderazgo. También puedes usar ejemplos de proyectos en la universidad o en alguna organización.

¿Por qué crees que estás calificado para esta posición?

Elige dos o tres factores principales acerca del trabajo y acerca de ti mismo que sean relevantes, incluyendo detalles específicos. Puedes mencionar una habilidad técnica, directiva y/o un éxito personal.

¿Qué es lo que más te gusta/disgusta acerca de tu actual o último trabajo?

El entrevistador trata de determinar si eres la persona ideal para el puesto; ten cuidado, no digas que te disgusta trabajar tiempo extra o que te gusta demasiado la administración, ni seas muy detallado; es bueno que menciones que te gustan los retos, las situaciones de presión, las oportunidades de crecer.

¿Cómo manejas la presión? ¿Te agrada/desagrada este tipo de situaciones?

Las personas exitosas suelen desempeñarse muy bien en situaciones de gran presión. Estas preguntas podrían indicar que el puesto es de mucha presión. Debes saber en lo que te estás metiendo; si reaccionas de manera positiva y sabes manejar situaciones de mucha presión, da un ejemplo concreto.

¿Cuál fue la peor situación o la más embarazosa en tu carrera? ¿Cómo habrías hecho las cosas de forma distinta?

El entrevistador quiere saber si puedes aprender de tus errores. No tengas miedo de hablar sinceramente sobre tus fracasos, especialmente si aprendiste algo de ellos.

¿Por qué debemos contratarte para este puesto? ¿Qué clase de contribuciones harías?

Esta es una buena oportunidad para resumir; en este momento ya debes saber cuáles son los problemas clave, así que vuelve a exponerlos y muestra cómo los resolverías. No seas arrogante, demuestra una actitud analítica, organizada y fuerte.

COMPORTAMIENTO EN EL TRABAJO

Cuando te presenten a una persona por primera vez, usa el título (*Dr.*, *Ms.*, *Mrs.*, *Mr.*, etc.) seguido del apellido hasta que la persona te invite

© DEPOSITPHOTOS.COM/MONKEY BUSINESS

a usar su nombre. En muchos casos, los estadounidenses insistirán en usar el nombre de pila enseguida; esto más que un signo de acercamiento es una norma cultural. Debes saludar con un apretón de manos y siempre mirar a la otra persona a los ojos.

Ten en cuenta que la mayoría de los estadounidenses solo habla inglés.

Las citas y las tarjetas de presentación

> Siempre es necesaria una cita previa.
> La puntualidad es muy importante, sobre todo para asuntos de negocios.
> Cuando te ofrezcan una tarjeta de presentación, léela y ordénala de la misma forma en que las personas están sentadas, así podrás llamarlas por su nombre sin temor a equivocarte.

El estilo de los negocios en Estados Unidos

> Generalmente, las reuniones empiezan después de una breve plática informal.
> La frase "el tiempo es oro" se toma muy en serio en el ámbito de los negocios. Siempre ve al punto.
> Cuando se habla de negocios, normalmente la tendencia es analítica y se llega rápidamente a los puntos principales.
> No hables de asuntos personales durante una negociación.
> El rol de las mujeres en los negocios es mayor que en otros países; no hagas bromas sexistas y salúdalas también con un apretón de manos.

El hombre/la mujer de negocios estadounidense

> ➤ Son buenos negociadores.
> ➤ Los conceptos como "quedar bien", y las formalidades que se usan en otras culturas no son tan importantes en Estados Unidos.
> ➤ Los estadounidenses son muy directos si no están de acuerdo contigo; esto algunas veces puede desconcertar a las personas que no están acostumbradas a negociar con ellos.
> ➤ La persistencia es otra característica que encontrarás frecuentemente. Existe la creencia de que siempre hay una solución.
> ➤ Los estadounidenses normalmente negocian sobre un esquema de "dar y recibir" (*win-win situation*) basándose en las fortalezas de cada una de las partes.

FORMULARIOS Y EXÁMENES

Al presentarte a trabajar por primera vez, te pedirán que llenes algunos formularios:

Formulario I-9, Formulario de verificación de elegibilidad para el empleo (*Employment Eligibility Verification Form*)

Por ley, tu empleador debe asegurarse de que todas las personas recién empleadas sean elegibles para trabajar en Estados Unidos. Dentro de tres días hábiles, deberás mostrar tus documentos de identidad y la documentación que te autoriza a trabajar.

La lista de los documentos aparece detrás del Formulario I-9, como tu tarjeta de residente permanente o tu tarjeta de Seguro Social sin restricciones, o una licencia para conducir del estado donde vives. Los detalles e instrucciones para obtener estos documentos están en la primera parte, en la sección de documentos de Estados Unidos.

Formulario W-4, Certificado de retención de impuestos del empleado (*Employee's Withholding Allowance Certificate*)

Tu empleador deberá retener dinero de tu paga y enviarlo al Gobierno para pagar impuestos federales. En inglés esto se conoce como *withholding tax*. El formulario W-4 ordena a tu empleador retener dinero para el pago de impuestos y te ayuda a determinar el monto correcto que debe retener. En resumen, los impuestos se deducen de tu salario y el porcentaje de la deducción dependerá del formulario W-4, que se calcula en base a tu rol en la familia y a la cantidad de personas que dependen de tus ingresos.

Otros formularios

Es posible que debas completar también un formulario de retención de dinero para pagar los impuestos del estado donde vives y otros que

Unreal Corporation Payroll Account		Check #	12345
		Date:	July 31, 20XX
Pay to the order of:	I.M. Fictitious		$1,834.^{00}
*****ONE-THOUSAND, EIGHT-HUNDRED, THIRTY-FOUR AND NO/100 DOLLARS*****			
First Corner Bank			
MEMO July payroll for Fictitious		*Certainly Void*	

Detach below before depositing, and save for your records.

Employee: I.M. Fictitious	**Gross Earnings**		$3,000.00
Pay period: July 20XX	**Deductions:**		
	Federal Income Tax	$349.00	
	State Income Tax	117.00	
	Social Security	180.00	
	Medicare/Medicaid	45.00	
	Insurance	175.00	
	Retirement Savings Plan	200.00	
	Charity	25.00	
	Health/Child Care Plan	75.00	1,166.00
	Net Pay		$1,834.00

DISEÑADO POR iPUBLICIDADES

te permitirán recibir tus beneficios laborales. Hay estados que no recaudan este tipo de impuestos. Nueva York es un ejemplo de un estado que sí aplica este tipo de impuestos; Florida no.

Tu recibo de sueldo indicará las cantidades descontadas para los impuestos federales y estatales, el impuesto del Seguro Social, y los beneficios laborales que te corresponda pagar como, por ejemplo, tu seguro de salud, tu fondo de pensiones, etc.

PRUEBAS PARA DETECTAR DROGAS Y VERIFICACIÓN DE ANTECEDENTES

Para algunos puestos, te pueden pedir una prueba para verificar que no has estado consumiendo drogas ilegales. Para otros puestos, se exige una investigación de tus antecedentes, que incluirá tus actividades en el pasado y las actuales.

HORARIO, VACACIONES Y NORMAS

Puedes trabajar a tiempo completo o parcial. Normalmente, la jornada completa es de cuarenta horas semanales y la parcial puede ser de hasta treinta horas semanales. El horario laboral suele ser de lunes a viernes desde las 9 a.m. hasta las 6 p.m., con una hora para comer y dos descansos de quince minutos. Sin embargo, un tercio de los estadounidenses trabaja más de las cuarenta horas semanales, y cuanto más subas en la escala laboral, más se te pedirá que trabajes.

La mayoría de los trabajadores nuevos solo tienen una o dos semanas de vacaciones pagadas al año, que es menos que en cualquier otro país industrializado, excepto Japón. Si sigues trabajando, se te aumentarán las vacaciones uno o dos días por año, así que puedes tardar diez años en tener cuatro semanas de vacaciones anuales. Según un estudio de la ONU, el estadounidense promedio trabaja 250 horas más que un trabajador británico y 500 más que uno alemán.

Trabajo seguro y normas corporativas

En Estados Unidos no existe el trabajo seguro; si la empresa decide que no te necesita, te pueden despedir sin problemas. Tu único seguro es tu propio potencial y tus ganas de trabajar, que pueden convencer a tu jefe de que eres necesario, o te permitirá encontrar otro trabajo rápidamente.

En un entorno laboral estadounidense, la diversidad es muy importante, así que veras muchas ofertas de empleo que dicen: "Somos una empresa que ofrece igualdad de oportunidades con salarios competitivos en un entorno de trabajo profesional". Esto significa que es probable que trabajes con gente de culturas y entornos distintos.

TUS BENEFICIOS Y TUS IMPUESTOS

El sueldo no es más que una parte de la oferta de trabajo pero, para los estadounidenses es la más importante. Aunque el salario es muy importante, no es todo. Otro factor importante son el resto de las compensaciones que las empresas buenas suelen dar a sus empleados, incluyendo pluses, seguro médico y dental, de la vista, seguro de vida, de invalidez, plan de pensiones y compensación en caso de muerte accidental o pérdida de algún miembro. Los salarios y los beneficios varían según las condiciones del mercado y dónde esté localizado el trabajo. Mantenerte informado sobre las condiciones del mercado y otros factores que puedan afectar tu salario es una buena idea.

Seguro de trabajo

En Estados Unidos tienes derecho a trabajar en un entorno seguro. El seguro de trabajo es un seguro que paga la empresa y que proporciona dinero y atención médica si un trabajador se queda inválido por un accidente de trabajo. Las leyes de compensación a los trabajadores están diseñadas para proteger a los trabajadores que tengan un accidente mientras trabajan.

Las empresas que tienen cuatro o más empleados (puede variar según el estado) están obligadas legalmente a brindar un seguro de compensación a los trabajadores. En general, el seguro de trabajo incluye ingresos por el tiempo que no puedas trabajar, gastos médicos y de rehabilitación. Normalmente, te pagarán dos tercios de tu sueldo mientras estés sin trabajar.

IMPUESTOS

Los impuestos son el dinero que los ciudadanos de Estados Unidos y los residentes pagan a los Gobiernos federales, estatales y locales. Con el dinero de los impuestos se pagan los servicios que ofrece el Gobierno. Hay distintos tipos de impuestos, como los impuestos sobre la renta, los impuestos sobre las ventas y los impuestos sobre la propiedad.

Los impuestos sobre la renta

Estos son los impuestos que se pagan al Gobierno federal y, en ciertos casos, a los Gobiernos estatales y locales por tus ingresos. Los ingresos gravables (*taxable income*) son el dinero que recibes como sueldo, por el trabajo que realizas independientemente, por las propinas que recibes y por la venta de bienes.

Todas las personas que reciben ingresos, viven en Estados Unidos y cumplen con ciertos requisitos tienen la obligación de presentar una declaración de impuestos y pagar los impuestos que les corresponda pagar (ver primera parte, sección ITIN, si no tienes Seguro Social). El monto de tus impuestos sobre la renta dependerá de los ingresos que tengas. Las tasas de impuestos son más bajas para las personas que ganan menos.

El Servicio de Impuestos Internos (Internal Revenue Service, IRS) es la dependencia del Gobierno que cobra los impuestos sobre la renta. Los contribuyentes utilizan el Formulario 1040 para preparar su declaración anual de impuestos sobre la renta (*income tax return*). Tu declaración de impuestos informa acerca de los ingresos que tuviste y el monto deducido de tu paga para pagar tus impuestos. Si las deducciones fueron más altas de lo que tu perfil contable indica, recibirás un reembolso. Si tus deducciones fueron más bajas de lo debido, tendrás que enviar un pago al IRS. La fecha límite es alrededor del 15 de abril.

El impuesto a partir de 2013 será del 15% al 39,6%, si no hay un gran cambio a último momento indicando que siguen vigentes las tasas de 2012. Estas tarifas pueden cambiar de año a año.

Los impuestos estatales sobre la renta cambian mucho según el estado en que vivas y van desde 0% a 11%. Esto se suma a la Declaración de Impuesto Federal y la mayoría de los estados basan sus cálculos en tu declaración de impuestos federales.

FORMULARIO 1040:

Este formulario detalla tus ingresos y los impuestos que pagaste durante el año fiscal anterior. Para el pago de impuestos, el año fiscal comienza el 1 de enero y termina el 31 de diciembre de cada año.

Tu empleador tiene la obligación legal de enviarte un formulario W-2 antes del 31 de enero todos los años. Recibirás un formulario W-2 por cada empleo que hayas tenido durante el año. Al presentar tu declaración de impuestos federales, envía con ella una copia de este formulario al IRS. Si vives o trabajas en un estado que recauda impuestos estatales sobre la renta, deberás enviar también una copia de tu W-2 con tu declaración de impuestos estatales.

Form 1040 Department of the Treasury—Internal Revenue Service (99)

U.S. Individual Income Tax Return **2011** OMB No. 1545-0074 IRS Use Only—Do not write or staple in this space.

For the year Jan. 1–Dec. 31, 2011, or other tax year beginning , 2011, ending , 20

See separate instructions.

Your first name and initial	Last name

Your social security number

If a joint return, spouse's first name and initial	Last name

Spouse's social security number

Home address (number and street). If you have a P.O. box, see instructions. Apt. no.

▲ Make sure the SSN(s) above and on line 6c are correct.

City, town or post office, state, and ZIP code. If you have a foreign address, also complete spaces below (see instructions).

Presidential Election Campaign
Check here if you, or your spouse if filing jointly, want $3 to go to this fund. Checking a box below will not change your tax or refund. ☐ You ☐ Spouse

Foreign country name | Foreign province/county | Foreign postal code

Filing Status

Check only one box.

1 ☐ Single
2 ☐ Married filing jointly (even if only one had income)
3 ☐ Married filing separately. Enter spouse's SSN above and full name here. ▶
4 ☐ Head of household (with qualifying person). (See instructions.) If the qualifying person is a child but not your dependent, enter this child's name here. ▶
5 ☐ Qualifying widow(er) with dependent child

Exemptions

6a ☐ **Yourself.** If someone can claim you as a dependent, **do not** check box 6a . . . . .
b ☐ **Spouse** . . . .

Boxes checked on 6a and 6b
No. of children on 6c who:
• lived with you
• did not live with you due to divorce or separation (see instructions)
Dependents on 6c not entered above
Add numbers on lines above ▶

c **Dependents:**

(1) First name Last name	(2) Dependent's social security number	(3) Dependent's relationship to you	(4) ✓ if child under age 17 qualifying for child tax credit (see instructions)
			☐
			☐
			☐
			☐

If more than four dependents, see instructions and check here ▶ ☐

d Total number of exemptions claimed . . . .

Income

Attach Form(s) W-2 here. Also attach Forms W-2G and 1099-R if tax was withheld.

If you did not get a W-2, see instructions.

Enclose, but do not attach, any payment. Also, please use Form 1040-V.

7	Wages, salaries, tips, etc. Attach Form(s) W-2	7	
8a	**Taxable** interest. Attach Schedule B if required	8a	
b	**Tax-exempt** interest. **Do not** include on line 8a . . . [8b]		
9a	Ordinary dividends. Attach Schedule B if required	9a	
b	Qualified dividends . . . . [9b]		
10	Taxable refunds, credits, or offsets of state and local income taxes . .	10	
11	Alimony received	11	
12	Business income or (loss). Attach Schedule C or C-EZ	12	
13	Capital gain or (loss). Attach Schedule D if required. If not required, check here ▶ ☐	13	
14	Other gains or (losses). Attach Form 4797	14	
15a	IRA distributions . [15a]	b Taxable amount . . .	15b	
16a	Pensions and annuities [16a]	b Taxable amount . . .	16b	
17	Rental real estate, royalties, partnerships, S corporations, trusts, etc. Attach Schedule E	17	
18	Farm income or (loss). Attach Schedule F	18	
19	Unemployment compensation	19	
20a	Social security benefits [20a]	b Taxable amount . . .	20b	
21	Other income. List type and amount	21	
22	Combine the amounts in the far right column for lines 7 through 21. This is your **total income** ▶	22	

Adjusted Gross Income

23	Educator expenses	23		
24	Certain business expenses of reservists, performing artists, and fee-basis government officials. Attach Form 2106 or 2106-EZ	24		
25	Health savings account deduction. Attach Form 8889 .	25		
26	Moving expenses. Attach Form 3903	26		
27	Deductible part of self-employment tax. Attach Schedule SE .	27		
28	Self-employed SEP, SIMPLE, and qualified plans . .	28		
29	Self-employed health insurance deduction	29		
30	Penalty on early withdrawal of savings	30		
31a	Alimony paid b Recipient's SSN ▶	31a		
32	IRA deduction	32		
33	Student loan interest deduction	33		
34	Tuition and fees. Attach Form 8917	34		
35	Domestic production activities deduction. Attach Form 8903	35		
36	Add lines 23 through 35		36	
37	Subtract line 36 from line 22. This is your **adjusted gross income** . . . . . ▶		37	

For Disclosure, Privacy Act, and Paperwork Reduction Act Notice, see separate instructions. Cat. No. 11320B Form **1040** (2011)

Form 1040 (2011)						Page 2

Tax and Credits

	38	Amount from line 37 (adjusted gross income)			38	
	39a	Check if: ☐ **You** were born before January 2, 1947, ☐ Blind. ☐ **Spouse** was born before January 2, 1947, ☐ Blind. } Total boxes checked ▶ 39a				
Standard Deduction for —	b	If your spouse itemizes on a separate return or you were a dual-status alien, check here▶ 39b☐				
• People who check any box on line 39a or 39b or who can be claimed as a dependent, see instructions.	40	**Itemized deductions** (from Schedule A) **or your standard deduction** (see left margin)			40	
	41	Subtract line 40 from line 38			41	
	42	**Exemptions.** Multiply $3,700 by the number on line 6d			42	
	43	**Taxable income.** Subtract line 42 from line 41. If line 42 is more than line 41, enter -0-			43	
• All others: Single or Married filing separately, $5,800	44	**Tax** (see instructions). Check if any from: **a** ☐ Form(s) 8814 **b** ☐ Form 4972 **c** ☐ 962 election			44	
	45	**Alternative minimum tax** (see instructions). Attach Form 6251			45	
Married filing jointly or Qualifying widow(er), $11,600	46	Add lines 44 and 45		▶	46	
	47	Foreign tax credit. Attach Form 1116 if required	47			
	48	Credit for child and dependent care expenses. Attach Form 2441	48			
Head of household, $8,500	49	Education credits from Form 8863, line 23	49			
	50	Retirement savings contributions credit. Attach Form 8880	50			
	51	Child tax credit (see instructions)	51			
	52	Residential energy credits. Attach Form 5695	52			
	53	Other credits from Form: **a** ☐ 3800 **b** ☐ 8801 **c** ☐	53			
	54	Add lines 47 through 53. These are your **total credits**			54	
	55	Subtract line 54 from line 46. If line 54 is more than line 46, enter -0-		▶	55	

Other Taxes

	56	Self-employment tax. Attach Schedule SE			56	
	57	Unreported social security and Medicare tax from Form: **a** ☐ 4137 **b** ☐ 8919			57	
	58	Additional tax on IRAs, other qualified retirement plans, etc. Attach Form 5329 if required			58	
	59a	Household employment taxes from Schedule H			59a	
	b	First-time homebuyer credit repayment. Attach Form 5405 if required			59b	
	60	Other taxes. Enter code(s) from instructions			60	
	61	Add lines 55 through 60. This is your **total tax**		▶	61	

Payments

	62	Federal income tax withheld from Forms W-2 and 1099	62			
If you have a qualifying child, attach Schedule EIC.	63	2011 estimated tax payments and amount applied from 2010 return	63			
	64a	**Earned income credit (EIC)**	64a			
	b	Nontaxable combat pay election	64b			
	65	Additional child tax credit. Attach Form 8812	65			
	66	American opportunity credit from Form 8863, line 14	66			
	67	First-time homebuyer credit from Form 5405, line 10	67			
	68	Amount paid with request for extension to file	68			
	69	Excess social security and tier 1 RRTA tax withheld	69			
	70	Credit for federal tax on fuels. Attach Form 4136	70			
	71	Credits from Form: **a** ☐ 2439 **b** ☐ 8839 **c** ☐ 8801 **d** ☐ 8885	71			
	72	Add lines 62, 63, 64a, and 65 through 71. These are your **total payments**		▶	72	

Refund

	73	If line 72 is more than line 61, subtract line 61 from line 72. This is the amount you **overpaid**			73	
	74a	Amount of line 73 you want **refunded to you.** If Form 8888 is attached, check here ▶ ☐			74a	
Direct deposit? ▶ See instructions.	b	Routing number ▶c Type: ☐ Checking ☐ Savings				
	▶ d	Account number				
	75	Amount of line 73 you want **applied to your 2012 estimated tax** ▶ 75				

Amount You Owe

	76	**Amount you owe.** Subtract line 72 from line 61. For details on how to pay, see instructions ▶			76	
	77	Estimated tax penalty (see instructions)	77			

Third Party Designee

Do you want to allow another person to discuss this return with the IRS (see instructions)? ☐ **Yes.** Complete below. ☐ **No**

Designee's name ▶   Phone no. ▶   Personal identification number (PIN) ▶

Sign Here

Under penalties of perjury, I declare that I have examined this return and accompanying schedules and statements, and to the best of my knowledge and belief, they are true, correct, and complete. Declaration of preparer (other than taxpayer) is based on all information of which preparer has any knowledge.

Joint return? See instructions. Keep a copy for your records.

Your signature	Date	Your occupation	Daytime phone number
Spouse's signature. If a joint return, **both** must sign.	Date	Spouse's occupation	If the IRS sent you an Identity Protection PIN, enter it here (see inst.)

Paid Preparer Use Only

Print/Type preparer's name	Preparer's signature	Date	Check ☐ if self-employed	PTIN
Firm's name ▶			Firm's EIN ▶	
Firm's address ▶			Phone no.	

Form **1040** (2011)

Impuestos sobre las ventas

Estos son impuestos estatales y locales que se agregan al costo de algunas cosas que compras. Los impuestos sobre las ventas se basan en el precio del artículo comprado. Los fondos obtenidos con estos impuestos contribuyen al pago de servicios prestados por los Gobiernos estatales y locales, como los de carreteras, de policía y de bomberos. El impuesto a las ventas varía por estado, pero el promedio es de alrededor de 7,25%.

Algunos distritos aplican un impuesto adicional para recaudación estatal. Por ejemplo, si estás comprando un producto en una tienda en Miami, pagarás 6,5%: 6% de impuesto a las ventas y 0,5% por impuestos a las ventas del distrito.

Impuesto sobre la propiedad

Estos son impuestos estatales y locales basados en el valor de una casa y su terreno. Generalmente, los impuestos sobre la propiedad se utilizan para ayudar a financiar escuelas públicas locales, hospitales y otros servicios.

Puedes obtener más información sobre impuestos en: www.irs.gov.

CONSEJO:

Puedes completar y presentar tus declaraciones de impuestos tú mismo o puedes contratar a un profesional de impuestos para que lo haga por ti. Te sugiero que busques un profesional de impuestos de buena reputación. Debido a la complejidad del código fiscal de Estados Unidos el tiempo necesario para investigar y preparar tu declaración es significativo y los errores pueden causarte problemas.

LOS IMPUESTOS DE SEGURO SOCIAL Y DE MEDICARE

El Seguro Social ofrece beneficios a trabajadores jubilados y sus familias, a personas discapacitadas y sus familias y a algunos miembros de las familias de trabajadores fallecidos o divorciados. Los impuestos de Medicare pagan servicios médicos a la mayoría de las personas que tienen más de sesenta y cinco años de edad. En la mayoría de los casos, debes haber trabajado durante un total de diez años (o cuarenta trimestres) durante tu vida para recibir los beneficios de jubilación ofrecidos por el Seguro Social y los beneficios de atención médica ofrecidos por Medicare.

Impuesto del Seguro Social (*Federal Insurance Contribution Act tax, FICA*)

La tasa del impuesto vigente de la Seguridad Social es de 15,3%; tú pagarás la mitad, 7,65% y tu empleador la otra mitad y aparecerá en tu recibo de sueldo como FICA.

Impuesto de Medicare

La actual tasa de impuesto de Medicare es de 2,9%. Tú pagarás sólo la mitad, 1,45%, si eres empleado de una empresa. Pero esta tasa está sujeta a subir un total de 0,9% solo para personas con ingresos mayores a $200.000 anuales.

CONSEJO:

Ten mucho cuidado con la personas o instituciones que piden tu número de Seguro Social, ya que con esta información se pueden "robar" tu identidad (con el número de Seguro Social alguien podrá reclamar tus impuestos, aplicar para tarjetas de crédito, abrir cuentas, etc.).

SI QUIERES SER EMPRESARIO

Esta sección es parte de mi libro *La familia y el dinero* de la serie ¡Hecho fácil! y decidí incluir un resumen para ayudarte a tener en cuenta todo lo que necesitas.

Para empezar un negocio, tendrás que hacer un estudio de mercado y tener un plan de negocios, que también servirá para futuros inversionistas o socios. Básicamente cada plan de negocios deberá incluir:

Resumen ejecutivo: escribe tus metas, la estructura legal del negocio, la habilidad y experiencia de los dueños y las ventajas sobre la competencia

Operaciones: explica cómo se administrará el negocio, los métodos para emplear personal, los seguros y contratos de arrendamiento o renta, los equipos o suministros que necesita y el proceso de producción y entrega de los productos o servicios

Marketing: describe tus productos o servicios; identifica tus clientes y la demanda, el mercado, el tamaño, ubicación, publicidad y *marketing* y tu estrategia de precios

Administración financiera: explica el origen y la cantidad del capital inicial; calcula los costos iniciales; proyecta los costos de operación; desarrolla un presupuesto mensual de operación para todo el primer año; proyecta tus ganancias y el flujo de activos mensuales por un año; calcula tu punto de equilibrio, cuando los ingresos comienzan a superar los gastos; explica tu estado de cuentas y tu método de compensación personal; decide quién llevará tus registros financieros y dónde se mantendrán.

Debes preguntarte:

1. ¿Qué vacío o nicho llenará mi negocio?
2. ¿Qué productos o servicios voy a vender?
3. ¿Quiénes serán mis clientes?
4. ¿Quién es mi competencia? ¿Mi producto/servicio es mejor?
5. ¿Qué nombre y estructura legal le daré a mi negocio?
6. ¿Qué tipo de seguro necesitaré?
7. ¿Qué equipos y suministros voy a necesitar?
8. ¿Cuánto dinero necesito para comenzar?
9. ¿Dónde va a estar ubicado?
10. ¿Tengo espacio adecuado y suficiente para manejar el negocio desde mi casa?

Inscribe tu negocio ante las autoridades correspondientes y solicita los permisos y licencias necesarios. Además, abre una cuenta bancaria separada de tu cuenta personal.

Hay muchísimos cambios en la economía y parece que cada mes cambian las cifras e incentivos para empresarios. Acuérdate de consultar siempre a un contador profesional acerca de tus impuestos para estar al día y hacer cosas dentro del plan. Cada empresario sabe que para hacer crecer su negocio hay que ahorrar en gastos fijos e invertir para el crecimiento. Planificar para reducir tus impuestos antes de fin de año es una gran estrategia para estar mejor preparado y evitar gastos innecesarios.

CÓMO CRECER

Como empresario, es muy importante pensar constantemente en oportunidades para hacer crecer el negocio. Hay dos formas prácticas para hacer crecer tu negocio y ganar más dinero. La primera es expandirte, para poder aumentar tus clientes y, consecuentemente, tus ganancias. La segunda es mejorar los sistemas, las operaciones, y reducir deudas y costos fijos. Además de estas dos formas básicas, hay miles de fórmulas para ganar más dinero y hacer crecer tu negocio.

Las siguientes son algunas recomendaciones que un empresario siempre debe tener en cuenta para hacer crecer su negocio...

Asegúrate de que tu estrategia de negocio sea factible

Es muy importante revisar la estrategia de negocio cada año y adaptarla a la demanda, tipo de clientela y calidad y costo del producto. Una de las mejores formas de expandir tu negocio es darlo a conocer y ser el líder de tu producto o servicio. Identifica bien a tus clientes y asegúrate de que tu página web esté al día con todos los avances tecnológicos.

> ➤ Aclara la visión, plan de competencia, producto, costo y clientes.
> ➤ Mejora la campaña de *marketing* e incluye una página web moderna.
> ➤ Integra los medios sociales como Facebook, Twitter, LinkedIn, blogs.

Evalúa todas las opciones de expansión

Si la forma que eliges para hacer crecer tu negocio es aumentar el capital, tienes que evaluar primero tus reportes financieros y calcular la proporción de deuda/capital. Es importante no usar todos tus ahorros y conseguir un préstamo que sea adecuado a tus necesidades. Si es posible, consigue un socio. Antes de pedir cualquier préstamo, contesta las siguientes preguntas:

> ➤ ¿Cuán grande es tu riesgo de deuda?
> ➤ ¿Con qué propósito usarás el capital?

Los Gobiernos estatales y locales, en la mayoría de los países, han desarrollado muchos programas en años recientes para fomentar el crecimiento de las pequeñas empresas, reconociendo los efectos positivos que tienen en la economía. Recuerda que para pedir un préstamo, tu negocio debe tener suficiente propiedad colateral y demostrar la capacidad para pagar el préstamo a tiempo, a partir de la proyección del flujo de efectivo operativo. Es esencial mantener un registro de todos los gastos y tener buen historial crediticio.

Sigue mejorando tu negocio

En Estados Unidos, la Agencia Federal para el Desarrollo de la Pequeña Empresa (Small Business Administration, SBA) administra el Programa del Centro de Desarrollo de la Pequeña Empresa (Small Business Development Center, SBDC) que ofrece asistencia empresarial a actuales y potenciales dueños de pequeñas empresas. En casi todos los países hay agencias o centros similares. Infórmate y recurre a ellos para seguir mejorando y progresando con tu empresa.

> La Agencia Federal para el Desarrollo de la Pequeña Empresa podrá ayudar con capacitación técnica, gerencial, y ayuda financiera. Para mayor información sobre los programas y servicios de la SBA, visita el sitio: www.sba.gov, o llama al 1-800-827-5722.

Evita dolores de cabeza

La clave para sacar a tu empresa adelante y diferenciarte de otros negocios parecidos es mejorar constantemente tu producto o servicio, estudiar a la competencia y mantener siempre bajos costos. ¡Recuerda que hay recursos a tu disposición para ayudarte a ser el mejor!

Declara bien tus impuestos

Antes de que acabe el año, planifica tus impuestos. Todos sabemos qué pasa en abril cuando la mayoría de la población en Estados Unidos se prepara para hacer sus impuestos —la incertidumbre y las corridas buscando el último estado de cuenta nos da una ansiedad innecesaria e interminable. Pero si planeáramos con anticipación podríamos ahorrarnos ese malestar.

Tú solo no lo puedes hacer; consigue ayuda, ya sea comprando un programa avanzado de impuestos, contratando un contador o usando a un practicante de universidad. Cualquiera sea tu estrategia, es mejor que tengas a alguien para organizar tus gastos y que lleve tu contabilidad. Conociendo tus gastos con certeza podrás deducir más, ya que tendrás los documentos necesarios para justificar los descuentos, como millaje, uso de celulares, etc.

Evita las catástrofes

¿Tu negocio está preparado por si los sistemas no funcionasen, si hubiese pérdida de inventario o gastos extraordinarios inesperados? Sabes que tu liquidez es el motor de todo negocio; aunque te vaya muy bien, si no tienes liquidez para pagar tus cuentas, corres el riesgo de contraer deudas. Por eso es esencial tener un buen presupuesto y seguirlo.

Deberás asegurarte de tener preparado un plan para cualquier eventualidad, sea a causa de la naturaleza o por problemas de salud. ¿Cuántos gastos inesperados podría sobrevivir tu negocio? Si tuvieras un accidente o si decidieras tomarte un tiempo fuera de tu empresa, ¿confías en alguien que esté capacitado para ejercer tu visión?

El éxito empresarial

Quizás no te pueda aconsejar sobre cómo ganar más dinero en tu empresa ya que tú, como visionario, lo sabes mejor que yo, pero sí te puedo aconsejar cómo planificar financieramente para ti y tu familia.

Acuérdate de tu ventaja competitiva como empresario, acuérdate de que debes mantener la disciplina en tus finanzas. Comparte tu visión, rodéate de gente con buena actitud. Teniendo los ingredientes para el éxito, este llegará naturalmente a tu empresa.

Para el éxito empresarial es clave tener pasión por la misión del producto o servicio. Un empresario exitoso estará mejor equipado si además tiene la disciplina de manejarse con las herramientas básicas que se enumeran debajo porque, ¿qué ganarías teniendo el mejor producto o servicio si no puedes ofrecerle la mejor experiencia al cliente?

Desde el punto de vista de un planificador financiero, el secreto para ser un empresario exitoso es saber cómo controlar tus finanzas y no dejar que tus finanzas controlen tu negocio. La mejor manera es utilizando las herramientas básicas: ser disciplinado y organizado, mantenerte enfocado, tener un plan a dieciocho meses y mantenerte cerca del cliente y activo en redes sociales.

Busca ayuda profesional

En tu vida financiera habrá algún momento en que una persona objetivamente te podrá dar mejores consejos, simplemente porque no carga con la parte emocional que implica tu dinero. Antes de entrevistar a un planificador financiero, evalúa qué necesitas. La mayoría de ellos también te podrá asesorar con tus inversiones. Otros te darán consejos sobre cómo puedes manejar tus deudas y presupuestar mejor. Si decides que un profesional te puede ayudar mejor en algunas de estas áreas, hay características que yo recomiendo evaluar antes de tomar una decisión.

Primero, tienes que leer suficiente sobre el tema para saber si tu asesor tiene experiencia en el área que estás buscando. En segundo lugar, comprender cómo es recompensado, y si ofrece algunos productos que pagan más que otros, es decir, entender bien el tipo de compensación y remuneración que recibirá el asesor al aconsejarte un producto como un seguro sobre una anualidad. También pídele referencias de otros clientes.

Pregúntale sobre su experiencia profesional, su educación y por qué se considera calificado para ayudarte. Además de los servicios de planificación financiera, ¿qué otros servicios ofrece? Pídele que te dé ejemplos y material de algún plan que haya hecho antes y que te dé un estimado de cuánto costaría.

Tendrás que conocer su educación, saber si tiene una maestría de especialización, una certificación o CFP, que se conoce en todo el mundo. Para obtener esta certificación, se deben estudiar en la universidad temas dirigidos a las finanzas, pasar un examen de dos días y cumplir el prerrequisito de tres años como planificador financiero. Asegúrate de que sea la persona con la que quieres desarrollar una larga relación y recuerda que en algún momento tendrá que conocer a la familia y tendrán que responder preguntas íntimas sobre tus ingresos, gastos, testamentos y más.

> Para encontrar un planificador certificado, visita www.cfp.org y fpa.net, o la Asociación Nacional de Asesores Financieros (www.napfa.org). Si vives en otro país, averigua cuáles son las asociaciones profesionales y cuáles son las de tu estado o localidad.

RESUMEN

Es muy importante que leas y entiendas bien esta segunda parte para emprender una búsqueda exitosa de trabajo. Asegúrate de tener en cuenta todos los consejos, tener un buen currículum y explorar todos los recursos disponibles.

Si decides ser empresario, la sección anterior te será muy útil para establecer y hacer crecer tu negocio. El enfoque y la dedicación son las claves para encontrar un empleo que te guste o para que tu propia empresa siga creciendo.

Entrevista con los expertos

Graciela Kenig, autora del libro *Best Career for Bilingual Latinos*, y Joshua Waldman, MBA, fundador de Career Enlightenment, colaboraron respondiendo las siguientes preguntas:

¿Qué consejos le darías a una persona que está buscando trabajo y recién llega a Estados Unidos?

La comunidad latina no está acostumbrada a hablar mucho de sus logros, pero el estadounidense se destaca por demostrarlos en los primeros cinco minutos de una conversación. Las personas que contratan quieren saber cómo puede aportar el candidato al equipo y en que áreas se destaca; uno debe ser específico. El otro error que muchos cometen es no mirar directamente a los ojos cuando contestan las preguntas, es decir, contacto directo con la persona (señal de confianza) y esta espera que la trates como colega (en Latinoamérica esto podría verse como una falta de respeto).

¿Cómo recomiendas que se prepare para una entrevista?

Algunos latinos tienden a hablar con historias y a veces las historias pueden volverse muy largas. En Estados Unidos deberá contestar directo al punto y enfocarse en lo relevante de la pregunta y practicar respuestas a las preguntas que le pueden hacer durante una entrevista. Por ejemplo, algo muy común es que le pidan: "cuéntame sobre ti" (ver la sección acerca de la entrevista de trabajo). Deberá estar preparado para contestar en dos minutos cómo su experiencia puede aportar al puesto. Debe ser directo, no contar la historia de su vida. Otro punto importante es demostrarle a la persona que lo está entrevistando que la está escuchando, dándole un resumen de lo que le haya explicado.

¿Cuál es la forma más rápida y fácil de encontrar trabajo?

Es muy simple, tienen que buscar algo que les guste, que los motive; al final de cuentas esto se transmite en la dedicación al desarrollar un plan de acción y durante la entrevista.

¿Cómo pueden saber qué trabajos hay disponibles? ¿Qué organizaciones y eventos existen?

La mejor estrategia que recomienda Joshua es tener una presencia en Internet y hacer crecer tus redes sociales. Ir directamente a las páginas web de las empresas donde quieres trabajar. También, frecuentar organizaciones vinculadas con la industria. Por ejemplo, si estás buscando una posición en *marketing*, buscar en la Asociación Americana de *Marketing* (American Marketing Association). Allí encontrarás muchos profesionales con cargos como el que buscas. Establecer un blog donde escribas sobre tus experiencias relacionadas con tu vida profesional también puede ser muy útil.

Es una buena idea pedir entrevistas de información (*informational interviews*). Son reuniones donde no hay un puesto disponible, pero alguien de la industria te da treinta minutos para compartir ideas y estrategias para tu búsqueda. Hay que recordar que cuantas más personas sepan que estás buscando trabajo, más aumentarán tus oportunidades.

¿Qué deben evitar?

Algunas de las cosas que yo he observado y no sólo en los que llegan a este país, es que usan un correo electrónico como, por ejemplo, muñeca123@hotmail.com y luego se preguntan por qué no los toman en serio. El correo electrónico que debe figurar en el currículum debe ser el nombre y apellido. Otro gran error es no mandar un correo o tarjeta de agradecimiento después de las entrevistas. Y finalmente, se olvidan de buscar su nombre en Internet. Deben asegurarse de que su página de Facebook y cualquier presencia en Internet sea profesional y que no haya fotos inapropiadas.

¿Qué cosas deben hacer?

Una lista de todas sus habilidades para empezar, y evaluar cuál es su trabajo ideal y ver qué habilidades son relevantes a qué trabajo; escribir lo más exitoso que hayan hecho, tener una lista de quince de los profesionales más importantes que conocen y una lista de las organizaciones que se asimilan a sus intereses.

Esta lista ayudará a comprender mejor qué es lo que quieren. Después, identificar qué tipo de empresa tiene ese tipo de puesto o posición e investigar quiénes son los gerentes que podrán darles una cita para aprender más acerca de la empresa.

¿Qué hacen tus clientes para encontrar trabajo más rápido?

Mis clientes tienen presencia en Internet; entienden que el 50% de los gerentes buscan información sobre candidatos por Internet. Y más del 80% de las empresas buscan en LinkedIn. Una estrategia que ha funcionado en el pasado es tener una lista de empresas donde querrían trabajar y monitorear si hay puestos disponibles. Una vez identificado el puesto y la empresa, buscar a personas en LinkedIn que quizás estén conectadas a los empleados de la empresa, o a alguna organización cerca de su comunidad. Y los que son exitosos tienen una gran red social y están muy involucrados con la comunidad.

Historias de inmigrantes

Hay tantas historias de personas que vinieron para darle una mejor vida a su familia, como las hay formas de venir a Estados Unidos. Una de ellas es empezar un negocio; esta estrategia requiere fondos y quizás se limite a un porcentaje menor de personas. Estos son algunos casos de historias para aprender:

Sara

Sara se compró una identificación falsa de residencia para trabajar en Estados Unidos. Un día se presentó a un trabajo y llevó su documento de residencia a un local para sacar una fotocopia antes de la entrevista. La dueña del local le preguntó, "¿tú eres ciudadana o residente?". Como ella no leía inglés, rápidamente pensó, ciudadana es mejor, y dijo "ciudadana". La dueña del local respondió: "tu identificación dice residente; por favor, lárgate de mi local inmediatamente antes de que te denuncie".

Alejandra

También hay historias con finales felices como la de Alejandra, que vino de Ecuador a estudiar. Durante sus estudios se enamoró de Joe, un estadounidense, y juntos empezaron un negocio de restaurantes. Después de varios años, la mamá de Alejandra quiso mudarse a vivir a Estados Unidos. Alejandra pudo traer a su mamá a vivir y darle empleo en el negocio de la familia.

Lara

Y la historia de Lara, que vino de Guatemala con una visa temporal y aprovechó los seis meses para conocer y participar en la comunidad de la estética. Asistió a varias conferencias y eventos y conoció a muchas personas. Así fue que conoció a Michael, dueño de varias peluquerías en otros estados, quien decidió abrir una peluquería con Lara como administradora.

Tu plan de acción

Con la ayuda de esta tabla, toma nota de las fechas en las que completas los diferentes pasos a seguir, y anota toda información importante que no quieras olvidar.

ACCIÓN	FECHA DE FINALIZACIÓN	COMENTARIOS/ NOTAS
Conseguir teléfono e Internet		
Preparar currículum		
Hacer perfil en LinkedIn		
Hacer tarjetas de presentación		
Preparar tu estrategia de búsqueda		

TERCERA PARTE

Planifica tus finanzas

INTRODUCCIÓN:
LOS PRIMERO PASOS HACIA EL ÉXITO

Mi primera experiencia con el dinero fue cuando mis padres me dieron mi mesada. Me recomendaron organizar el dinero para diferentes propósitos: para gastar, para ahorrar, para invertir y para compartir. Cursaba la escuela primaria en Perú y, aunque no manejaba más que el equivalente a un dólar semanal, podía decidir si me compraba varios caramelos o ahorraba un porcentaje para comprarme algo más grande en el futuro. Es importante desarrollar un buen hábito y practicar la gratificación pospuesta desde niños. Esta sección es una de las más importantes en tu camino al éxito en Estados Unidos, ya que el dinero es un instrumento para alcanzar muchas de tus metas en esta vida, si sigues los pasos con disciplina. Si no, podrá ser el obstáculo más grande para llegar adonde quieres ir.

Es importante destacar que otro factor es no compararse con los demás. El dinero deberá ser algo positivo en tu vida y en la de tu familia; tendrás que tener un plan a corto, mediano y largo plazo. Así como tener un plan para tus documentos y otro para encontrar trabajo es vital para vivir en Estados Unidos, las finanzas influirán mucho en todas estas experiencias. Por eso recomiendo que, como primer paso, hagas lo que detallo a continuación…

TU PLAN FINANCIERO

Para administrar bien tus recursos, necesitarás un plan y, para empezar, tendrás que hacer un inventario de lo que tienes. Debes tener una lista de tus activos y tus obligaciones y asegúrate de tener también los títulos correspondientes.

Haz un inventario

Para esto, tendrás que ordenar todos tus documentos financieros, estados de cuenta, correspondencia y diseñar un sistema para archivar y separar tus papeles en cuentas por pagar, cosas para hacer y cosas para archivar. Para saber qué archivar, debes juntar los documentos de:

> - Automóviles
> - Cuentas bancarias
> - Tarjetas de crédito
> - Seguros
> - Inversiones
> - Préstamos
> - Garantías, mantenimiento

Un activo es algo de valor del cual eres dueño, del cual te beneficias u obtienes alguna utilidad. Un activo puede ser una casa propia, tu educación o tu experiencia laboral. Uno de los activos más importantes que tienes —aparte de tus activos intelectuales, sociales y espirituales— son tus activos financieros: tu habilidad para ganar dinero. Las personas más exitosas del mundo son las que siguieron su pasión, cosecharon una recompensa financiera y tuvieron la disciplina para defender la recompensa a toda costa.

¿Cuál es el valor de tu patrimonio neto?

Tu patrimonio neto es la diferencia entre tus activos y tus pasivos (obligaciones o deudas). Toma un papel y te demostraré cómo lograrlo.

1. En la parte superior de la página escribe la palabra "Activos". Debajo de la palabra, enumera todos tus activos incluido el dinero en tus cuentas bancarias y de inversiones, el dinero en tu billetera y el valor actual estimado de cualquier propiedad de la cual seas dueño (casa, auto, joyas, etc.). Suma tus activos para obtener un total.

2. Ahora escribe la palabra "Pasivos". Un pasivo es una obligación legal de pagar una deuda. Debajo de este título, enumera todos tus pasivos incluyendo saldos de tarjetas de crédito, préstamos estudiantiles, préstamos automovilísticos, líneas de crédito, hipotecas, préstamos de negocio, etc. Suma tus pasivos para obtener un total.

3. Descuenta tus pasivos de tus activos. Este es el valor actual de tu patrimonio neto. Entender esto te ayudará a planificar para el futuro.

Tus otros activos y pasivos

Cuando calcules el valor neto de tu patrimonio, sugiero que también incluyas el valor neto de tus activos y pasivos intelectuales, sociales y espirituales para entender qué tienes a favor y en contra para alcanzar tus metas.

¿Cuáles son tus fortalezas en términos de educación, interacciones humanas y comunitarias, y crecimiento personal? ¿Cuáles son tus pasivos en estas mismas áreas? ¿Tienes una educación superior? ¿Tienes la tendencia a socializar y construir relaciones? ¿Intentas crecer como persona constantemente?

Pon al día tu presupuesto de acuerdo a tus metas

Después de hacer un inventario de tus activos, deberás calcular tu presupuesto mensual y anual, teniendo en cuenta tus ingresos y tus gastos. Evalúa tu presupuesto y categorízalo en gastos fijos y variables. El plan tendrá que incluir los seguros y algunas otras cosas más en las que necesitarás gastar.

A continuación tienes ejemplos de presupuestos para guiarte cuando hagas el tuyo.

Budget Worksheet

Ingresos	Mensual	Anual
Sueldo	$	$
Tu trabajo	$	$
Trabajo de tu esposo(a)	$	$
Trabajo extra	$	$
Inversiones	$	$
Interes y dividendos	$	$
Alquiler	$	$

Gastos	Mensual	Anual	Plan de gastos	
			% Menos	$ Ahorrado
Fijos	$	$		
Casa alquiler o hipoteca	$	$		
Luz, cable, agua, teléfono	$	$		
Seguros	$	$		
Préstamos	$	$		
Variable	$	$		
Comida	$	$		
Ropa	$	$		
Tarjetas de crédito	$	$		
Transporte	$	$		
Entretenimiento	$	$		

Gastos vs. Ingresos	Mensual	Anual
Total ingresos	$	$
Total gastos	– $	– $
Mas o menos de tus ingresos	=	=

Elaine King Fuentes-Karbassion, MBA, CFP®, CDFA™ * contact@elainekingcfp.com

Puedes hacer tu presupuesto online si vas a la pagina www .elainekingcfp.com.

Algunas de las cosas que debes planificar incluyen:

- ✓ Presupuesto familiar
- ✓ Presupuesto de emergencia (para gastos pequeños, como eventuales reparaciones en la casa y el auto)
- ✓ Planes de ahorro disponibles
- ✓ Ahorro para la educación de los hijos
- ✓ Fondo fijo de emergencia (para casos de transición entre dos trabajos o por si hay una pérdida de ingresos)
- ✓ Fondo de vacaciones
- ✓ Pólizas de seguros
- ✓ Impuestos
- ✓ Presupuesto para los niños
- ✓ Administración de deudas
- ✓ Presupuesto para autos

TU BANCO

Será esencial tener una cuenta de banco para poder pagar tus cuentas, escribir cheques, depositar dinero, sacar efectivo, etc. Después de la sanción de la Ley Patriota (Patriot Act), se obliga a todas las instituciones financieras a verificar la identidad de cualquier persona o entidad que solicite abrir una cuenta.

La información que debe verificarse incluye: nombre legal, dirección, fecha de nacimiento y número de Seguro Social. Los documentos de identificación aceptados para ciudadanos de Estados Unidos

© DEPOSITPHOTOS.COM/JACEK MICHIEJ

son las licencias de conducir emitidas por algún estado o alguna otra identificación con foto emitida por el Gobierno. Para aquellos que no son ciudadanos de Estados Unidos, puede usarse un pasaporte o una tarjeta de identificación de extranjero.

La mayoría de los bancos ofrece una gran variedad de servicios bancarios, de inversión y de seguros, y muchos también ofrecen asesoramiento para la compra de viviendas. Como los precios, servicios y condiciones pueden variar mucho, es mejor que investigues un poco antes de tomar una decisión. Todos los bancos ofrecen banca a través de Internet, y también hay algunos bancos que solo están en Internet, como ING Direct, E*TRADE, Ameritrade, etc.

Para abrir una cuenta, deberás presentar:

✓ Número de Seguro Social o identificación de impuestos (puedes ser extranjero)
✓ Copia de tu pasaporte
✓ Dirección en Estados Unidos

La Corporación Federal de Seguro de Depósitos (Federal Deposit Insurance Corporation, FDIC) es una agencia independiente del Gobierno de Estados Unidos y está diseñada para proteger fondos hasta un monto determinado. La FDIC está respaldada por el crédito del Gobierno de los Estados Unidos. Desde que se fundó el fondo en 1933, la FDIC ha cumplido. La cobertura incluye cuentas corrientes, de ahorro y depósitos. La protección es sobre montos de hasta $250.000 por titular. Originalmente el seguro era de $100.000 pero fue extendido por el presidente Obama en 2010 hasta finales de 2013. Para más información puedes ir a la página www.fdic.gov.

Las dos cuentas que recomiendo son tu cuenta corriente y tu cuenta de ahorros.

CUENTA CORRIENTE

Lo más normal en Estados Unidos es tener una cuenta corriente. La mayoría de las transacciones, como cobrar un sueldo o pagar un alquiler, se hacen a través de este tipo de cuenta. En general, una cuenta corriente te permite:

> ➤ Sacar dinero del cajero automático con una tarjeta de débito
> ➤ Transferir dinero entre cuentas
> ➤ Pagar mediante cheque
> ➤ Domiciliar recibos
> ➤ Utilizar la banca telefónica o por Internet

En muchos bancos puedes elegir entre distintos tipos de cuentas corrientes que ofrecen distintos servicios (banca por Internet, intereses, tarjeta de crédito gratuita, etc.), pero los gastos bancarios varían. Si eres estudiante, puedes solicitar quedar exento de gastos bancarios.

Antes de elegir banco asegúrate de que puedes contestar las siguientes preguntas:

> ➤ Una vez abierta mi cuenta, ¿puedo retirar dinero del cajero automático inmediatamente?
> ➤ ¿Dónde puedo sacar dinero sin que me cobren? (Hay muchos bancos que tienen acuerdos con otros bancos para que sus clientes puedan sacar dinero gratis).
> ➤ ¿Puedo pagar mis facturas por Internet?
> ➤ ¿Recibiré una tarjeta de débito inmediatamente?
> ➤ ¿Podré tener una tarjeta de crédito? ¿Cuándo puedo solicitar la tarjeta y cuánto tiempo tarda?
> ➤ ¿Qué gastos tiene mi cuenta?
> ➤ ¿Puedo quedarme en números rojos y cuánto cuesta este servicio?

El sobregiro (*overdraft protection*) te permite tener un saldo negativo en tu cuenta hasta un límite establecido por el banco. El importe suele depender de tus ingresos mensuales. Los intereses cuando tienes saldo negativo son muy altos, así que sólo úsalo en caso de emergencia. Preferiblemente, no lo uses.

Antes de proporcionarte algunos servicios, el banco observará tu cuenta durante los primeros meses para comprobar si tienes ingresos regulares. Los bancos estadounidenses suelen ser bastante conservadores para dar tarjetas de crédito. Si tienes una tarjeta de tu país, habla con tu banco a ver si funciona en los cajeros estadounidenses (la mayoría de los bancos estadounidenses son compatibles con el sistema universal bancario). Pero si piensas quedarte en Estados Unidos, deberías abrir una cuenta dentro del país y solicitar una tarjeta, así te ahorrarás costos de transacción.

Aunque Estados Unidos es relativamente seguro, en ciudades grandes como Los Ángeles, Nueva York y Miami roban, no a mano armada, pero roban mercadería y carteras de los autos. Por eso, no es recomendable llevar más de $100 en efectivo; será mejor usar tu tarjeta de débito o crédito.

Tarjetas de débito

La mayoría de las tarjetas de débito tienen un logo de Visa o Master-Card que indica que se pueden utilizar de la misma forma que una tarjeta de crédito. La diferencia está en que con ellas el dinero sale de tu cuenta corriente inmediatamente.

Una vez abierta tu cuenta bancaria, recibirás la tarjeta de débito con su correspondiente código PIN (normalmente un número secreto de cuatro dígitos). Esta tarjeta te permite sacar dinero de casi todos los cajeros de Estados Unidos. Si lo sacas de cajeros de tu banco o de bancos asociados te resultará gratis, si no te cobrarán comisión (normalmente entre $2 y $4).

También puedes imprimir tu extracto bancario en los cajeros de tu banco utilizando la tarjeta de débito. En estos extractos aparecen todas las transacciones; los ingresos son créditos y los pagos débitos.

Tarjetas de crédito

En Estados Unidos puedes utilizar tu tarjeta de crédito en cualquier lado. Las tarjetas más comunes son MasterCard, Visa y American Express. En las puertas de las tiendas muestran las tarjetas que aceptan. Si tienes un código PIN para tu tarjeta, puedes usarla para sacar dinero de un cajero, pero ten en cuenta que las comisiones suelen ser bastante altas.

La mayoría de las compañías de tarjetas de crédito no te cobran por la tarjeta. Cuando la solicites, averigua en varios bancos y grandes almacenes antes de decidir cuál es la que más te conviene. Algunos bancos no dan tarjetas de crédito a extranjeros que acaban de llegar, y recuerda que en Estados Unidos necesitas un número válido de Seguro Social para poder obtener una tarjeta de crédito.

TU CRÉDITO

Establecer un crédito es algo muy importante en Estados Unidos. Con un crédito sólido mejorarán las oportunidades de obtener un éxito financiero. Tu informe de crédito se usará cuando quieras alquilar casa, auto, seguros, comprar electrodomésticos a crédito y hasta cuando busques trabajo. Una vez establecido, es bueno revisarlo cada tres meses.

Para empezar a establecer tu crédito, pide en tu banco una tarjeta de crédito garantizada, que es una tarjeta vinculada a tu cuenta de ahorros. La tarjeta garantiza al emisor el derecho a reclamar el dinero de tu cuenta para cubrir lo que debes, en caso de que no llegue el pago. Sin embargo, pagando tus cuentas a tiempo podrás establecer un buen historial, que te dará acceso a una tarjeta de crédito sin depósito en un futuro cercano.

Tu historial de crédito es tu "reputación" financiera. Con un buen historial de crédito, podrás obtener tarjetas de crédito, préstamos, financiamiento de un automóvil o inclusive comprar una casa con una hipoteca de intereses bajos. De hecho, casi cualquiera puede obtener una tarjeta de crédito emitida por un banco de Estados Unidos.

No tienes que ser ciudadano de Estados Unidos ni tener una tarjeta de residencia para obtener una tarjeta de crédito estadounidense.

Informes crediticios (*credit reports*)

Un informe crediticio contiene información sobre tu historial de pago de créditos. Las entidades de crédito están autorizadas legalmente a revisar tu historial crediticio para determinar si te dan o no un crédito. Cada vez que abres una cuenta de crédito, tu historial crediticio se revisa.

Cada vez que pagas una factura, la mayoría de los prestamistas envían la información del pago de tu crédito a las sociedades de información crediticia, así que la mayor parte de la información que aparece en tu informe crediticio viene de las empresas con las que tratas.

El informe crediticio contiene información sobre tu identidad, información crediticia e información pública.

La identidad incluye:

➤ Nombre
➤ Direcciones hasta la fecha
➤ Número de Seguro Social
➤ Fecha de nacimiento
➤ Empresas para las que has trabajado hasta la fecha
➤ Nombre del cónyuge (si estás casado/a)

La información crediticia incluye cuentas de crédito o préstamos que tengas con:

➤ Bancos
➤ Tiendas
➤ Compañías de tarjetas de crédito
➤ Otros prestamistas

La información pública incluye información que aparece en los registros de los tribunales, como:

> Bancarrotas
> Juicios financieros
> Impuestos impagados

IMPACTO CULTURAL

Llegar a Estados Unidos es como llegar a la tierra de los sueños y las oportunidades. Sin embargo, para que esos sueños no se conviertan en una pesadilla, es muy importante tener en cuenta que la cultura estadounidense es muy diferente de la latina. Parte de los tropiezos futuros se deben a mantener el cuerpo en este país, pero la mente en nuestra patria.

Precisamente, una de las diferencias no solo culturales sino también económicas se relaciona con el sistema crediticio, que en Estados Unidos se convierte en el motor de la economía, debido a que llega a todos sus habitantes. Esta es quizá una de las diferencias entre un país más desarrollado y menos desarrollado. Al contrario de lo que sucede en otras naciones, donde para solicitar un crédito se necesita tener dinero, aquí es necesario ser serio y cumplido con el pago de las deudas.

Antecedentes

Los prestamistas (bancos, entidades especializadas en créditos hipotecarios, almacenes, etc.) siempre han usado algún tipo de sistema para establecer el riesgo que les implica prestar dinero. Hacia 1980, la empresa Firm Isaac, fundada en 1956, desarrolló un programa basado en un modelo de comportamiento crediticio de millones de personas. Este programa se conoce como FICO (Firm Isaac Company) y es utilizado por las tres agencias de información crediticia más importantes de Estados Unidos: Equifax, Experian y TransUnion. Desde 1995, este modelo se usa mucho en el mercado del crédito hipotecario. En pocas palabras, la persona vale según su puntaje de crédito. Un puntaje de entre 620 y 719 es adecuado. Valores por debajo de 620 son considerados por muchos prestamistas como riesgosos y, por eso, aunque la persona tenga acceso a crédito, los términos y condiciones de los préstamos son más exigentes. Veamos como ejemplo un préstamo de $150.000, con 30 años de plazo y tasa fija:

SI TU PUNTAJE ES	TU TASA DE INTERÉS SERÍA	ANUAL SERÍA
760–850	4,00%	US$716
700–759	4,25%	US$737
680–699	4,50%	US$760
660–679	4,75%	US$782
640–659	5,25%	US$828
620–639	5,50%	US$875

De cualquier forma, la oferta crediticia es enorme y cada prestamista tiene condiciones diferentes. No averigües en un solo banco. Los agentes de créditos hipotecarios te pueden buscar, dentro de las miles de posibilidades disponibles, el programa que mejor se adapte a tus necesidades y objetivos.

Sugerencias para tener un puntaje de crédito alto

➤ Empieza a construir tu historial lo antes posible.
➤ Paga tus cuentas a tiempo (mejor un día antes del vencimiento).
➤ En lo posible, paga en línea, desde tu cuenta bancaria. Te ahorras la estampilla y la posibilidad de que se pierda la carta. Un solo pago hecho treinta días después podría bajarte 100 puntos.
➤ Paga más del mínimo.

> Debes tener una mezcla adecuada entre créditos como el de las tarjetas de crédito y créditos del tipo hipotecario (cuotas fijas).

> Si no puedes pagar a tiempo por cualquier razón, llama inmediatamente a tu acreedor para ver cómo te puede ayudar, o para que reciba el pago por teléfono.

> Los cobros judiciales, las deudas de impuestos y las bancarrotas figuran como las peores referencias.

> Acuérdate de revisar tus cuentas mensualmente cargo por cargo (o transacción por transacción) y guarda tus recibos para compararlos. Es muy común ahora que alguien se robe el número de tu tarjeta sin robarse la tarjeta. El seguro te protege por los cargos siempre y cuando los reclames a tiempo.

CONSEJO:

Haz un monitoreo periódico. Para evitarte sorpresas desagradables, especialmente relacionadas con el fraude financiero, es muy importante monitorear siempre el informe de crédito.

Hay más información disponible en www.annualcreditreport.com o en www.ftc.gov/credit. La otra forma de evitar contratiempos es comprando el reporte directamente a Equifax: www.equifax.com, (800)-685-1111, Experian: www. experian.com, (888)-397-3742 o TransUnion: www.transunion.com, (800)-888-4213. Si ves que el informe muestra cuentas o situaciones con las que no estás de acuerdo, contáctalos. Si crees que han violado tus derechos, busca ayuda en la Asociación Nacional de Defensores del Consumidor (Nacional Association of Consumer Advocates, NACA): www.naca.net, (202)-452-1989.

TU HOGAR

Tu casa

En la mayor parte de Estados Unidos, encontrar alojamiento no es problema. Sin embargo, en algunas grandes ciudades, como Nueva York, la demanda es alta y los alquileres pueden ser muy caros. Los precios, tanto para alquilar como para comprar, se determinan por el tamaño de la vivienda, que se mide en pies cuadrados (*square feet*). Para convertir a metros cuadrados multiplicar el número por 0,3048.

En Estados Unidos cuando alquilas una casa, lo más normal es que sea sin amueblar, aunque suelen venir con cocina, refrigerador, aire acondicionado (en el sur) y, a veces, lavavajillas. En algunos casos, el alquiler incluye gas y agua caliente, pero la electricidad suele pagarse aparte.

En Estados Unidos, la mayoría de las personas invierte de un 25% a un 30% de sus ingresos en gastos de casa. En zonas donde los precios son más altos, como los centros de las ciudades, puede llegar hasta el 50%.

Para alquilar o comprar una vivienda te piden una copia de tu historial crediticio. Es buena idea entender las bases de la información crediticia, conocer tus derechos y saber lo que consta en tu historial crediticio, así podrás responder a las preguntas que el propietario pueda tener con respecto a tu historial.

Para buscar casa, podrás buscar en Internet o pedir una recomendación de un agente inmobiliario. El agente te cobrará de un 3% a un 6% de la venta de una casa y un mes de un alquiler. También puedes buscar en Internet, comprarte el periódico de la comunidad, asistir a "*open houses*", fijarte en edificios, carteleras de anuncios en bibliotecas, supermercados y otros sitios, que digan "*Available*" o "*For Rent*".

¿Comprar o alquilar?

Una de las formas de aumentar tu patrimonio es comprar una vivienda. Una vez que compres una vivienda, tu patrimonio inmobiliario aumenta a medida que el mercado sube. Algunas personas usan la apreciación de la casa para pedir prestado para pagar gastos de educación, abrir un negocio o pagar gastos imprevistos (como una enfermedad o desempleo). Es importante que lo evalúes y no saques más de un 10%, ya que los precios de las casas también pueden bajar y te verás forzado a pagar la deuda en muy corto plazo.

Comprar una vivienda tiene muchas ventajas en comparación con alquilar. Pero estarás asumiendo una gran responsabilidad, ya que tendrás que pagar mantenimiento, tendrás los mismos vecinos por mucho tiempo y te comprometerás a quedarte en un solo lugar. Si buscas una vivienda, tu primera decisión será si planeas alquilar o estás listo para comprar. Ser propietario de una vivienda puede ser una de tus mayores aspiraciones. Pero comprar es un gran compromiso. Es importante que te asegures de que estás listo para hacerlo.

Para evaluar si debes comprar o alquilar, empecemos por evaluar el alquiler. ¿Cuántos años piensas alquilar? Digamos que el alquiler es de $1.000 al mes y piensas alquilar por cinco años. Al final de los cinco años, o 60 meses, habrás gastado $60.000. Ahora que tienes eso claro, comparémoslo con la compra de una casa. Digamos que el inmueble que se alquila en $1.200 cuesta $150.000.

HOGAR (ejemplo $150.000)	ALQUILAR (gasto mensual)	COMPRAR (gasto mensual)
Mensualidad 2012: 5%, a 30 años	$1.200 de alquiler ($14,400 anual)	$700 de hipoteca ($8.400 anual)
Seguro	$100 (anual, por pertenencias)	$750 (est.) (0,5% del valor de la propiedad, aprox.)
Mantenimiento	Incluido en el alquiler	$350 (est.) ($4.200 anual)
Impuestos	Incluido en el alquiler	$3.000 (2% del valor de la propiedad)
Pago inicial + gastos de compra 2%	$2,400 (dos meses de depósito)	$30.000 (20% del valor de la propiedad) + $3.000 (2% del valor por gastos de cierre)
Total anual	$14.500 (más el depósito)	$16.350 (más una inversión inicial de $33.000)

Esta tabla te explica a groso modo la diferencia entre alquilar y comprar. Aunque alquilar tiene una mensualidad más baja, por no pagar ni mantenimiento ni impuestos, estás pagando por algo que no acumula un activo. Por otro lado el comprar una casa implica más gastos, impuestos, mantenimiento y una cuota inicial alta, pero estarás acumulando un activo que históricamente tiende a apreciarse en valor.

Alquiler

Si has decidido alquilar, el dueño de casa te pedirá que llenes un formulario y tendrás que presentar los siguientes documentos: número de Seguro Social, información laboral, estado de cuentas bancarias.

Si no tienes empleo, algún amigo podrá firmar por ti como aval. Asegúrate de inspeccionar todo, ya que el dueño tendrá la obligación de arreglar cualquier desperfecto antes de mudarte. Si decides no renovar el contrato, deberás notificar al dueño con treinta días de anticipación antes de mudarte para que te devuelvan tu depósito. Cada vez que te mudes, deberás notificar de tu nueva dirección a las oficinas del Servicio Postal (U.S. Postal Service). Te darán una guía para la mudanza y te enviarán tu correspondencia a la dirección correcta.

Cuando te alquilen la vivienda, tendrás que firmar un acuerdo o contrato de arrendamiento. Al firmar este contrato, te comprometes a pagar tu alquiler a tiempo y a vivir allí durante un período específico. La mayoría de estos contratos son por un año.

También es posible alquilar una vivienda por períodos más cortos, de un mes, por ejemplo. Un contrato de arrendamiento a corto plazo puede ser más caro que uno a largo plazo. Al firmar un contrato, acuérdate de mantener la vivienda limpia y en buenas condiciones. Si causas daños en la vivienda tienes la obligación de pagar la reparación. El contrato puede especificar también la cantidad de personas que podrán ocupar la vivienda.

El contrato de arrendamiento es un documento legal y te obliga a cumplir tu parte del acuerdo. Los arrendadores también tienen la obligación de cumplir con la suya. Ellos deberán mantener la propiedad segura y en buenas condiciones.

La mayoría de los propietarios esperan que les pagues el alquiler con un cheque, aunque generalmente lo especifican en el contrato. Algunos te obligarán a tener un seguro de arrendatario (*renter's insurance*) que cubra daños a su propiedad o a las viviendas adyacentes.

El contrato también incluirá las normas generales aplicables a los residentes del edificio. Muchas comunidades de propietarios tienen normas para una convivencia respetuosa y en paz. Estas pueden estar incluidas en el contrato. En los grandes edificios de apartamentos que tienen muchos inquilinos, estas normas suelen aparecer resumidas en un anexo (reglas del edificio). Entre otras cosas, suelen decir que el exceso de ruido queda prohibido entre las 10 p.m. y las 8 a.m. En algunos casos también establecen quién es responsable de la limpieza de las zonas comunes, como las escaleras, la entrada y el sótano, en días determinados. En los edificios grandes suele haber un encargado responsable de que todo funcione correctamente.

Compra

Si has decidido comprar, necesitarás un agente inmobiliario o, como mínimo, un abogado. Si no planeas pagar al contado el 100%, tendrás que solicitar una hipoteca. Hay muchos tipos de préstamos hipotecarios, unos te ofrecen tasa de interés variable, otros interés fijo.

Algunas hipotecas son a quince años, otras a treinta años. Ten cuidado con las tasas variables, ya que pueden ser riesgosas (en la actualidad, la tasa de interés en Estados Unidos ha alcanzado un récord en cuanto a lo baja que está, lo que significa que subirá en el futuro y esto aumentará tu mensualidad). Para menor riesgo, es recomendable una tasa fija.

La parte del interés que pagas anualmente la podrás deducir de tus impuestos al final del año. Consulta con tu contador (Certified Public Accountant, CPA). Existe un seguro extra que se les cobra a las hipotecas, que se llama Seguro Hipotecario Privado (Private Mortgage Insurance, PMI) el cual se agrega a los prestamos de más del 80% del valor de la vivienda (intenta invertir más del 20% para evitar este gasto extra). También necesitarás un seguro para tu hogar. Y, finalmente, existe un impuesto inmobiliario que es, en promedio, un 2%

del valor de la propiedad (este varía según el estado; en Florida es de aproximadamente 2%). El seguro de casa podrá ser de un 0,5% a 1% del valor de la casa; dependerá de dónde esté ubicada. El costo de "cerrar" la compra es de un 2% del valor de la propiedad; por ejemplo, para una casa de $150.000, será de aproximadamente $3.000.

CONSEJO:

Debes tener mucho cuidado cuando pidas un préstamo al banco. Deberás hacer las siguientes preguntas:

1. ¿Tasa fija o variable? ¿Puntos? (Puntos se le llama a la oportunidad de pagar la hipoteca por adelantado a base de un porcentaje. El banco te dará una tasa más baja a cambio del pago por adelantado).
2. ¿Primas mensuales del seguro hipotecario (PMI)?
3. ¿Cargos por el préstamo, informe de crédito, costo de cierre?
4. ¿Se cobra recargo por pagar por adelantado?
5. Si es tasa variable, ¿qué índice se utilizará y cuál es el máximo porcentaje?
6. ¿Requieren cubrir el préstamo con seguro de vida?

VENTAJAS Y DESVENTAJAS

Las ventajas de comprar

> Con cada pago mensual, aumentas tu porcentaje de propiedad en tu vivienda. Esto se llama acumular valor líquido. El valor líquido es la diferencia entre lo que vale la vivienda y el monto que adeudas en tu préstamo hipotecario.
> Si el valor de las propiedades en general aumenta, tu vivienda tendrá mayor valor. Esto aumenta tu activo neto. Si te mudas, puedes vender tu propiedad y obtener ganancias.

> Generalmente se pueden deducir los intereses de la hipoteca y los impuestos sobre la propiedad al presentar la declaración de impuestos sobre los ingresos, lo cual puede significar un ahorro considerable.
> Si necesitas un préstamo puedes pedir prestado, utilizando el valor líquido que has acumulado, a una tasa de interés menor que la que pagarías por otros préstamos no asegurados. Ten mucho cuidado con este tipo de préstamo, especialmente si baja el mercado.

Alquilar tiene algunas ventajas

> Al alquilar, generalmente hay que hacer un pago por adelantado de uno o dos meses de alquiler como depósito de garantía. Este monto será mucho menor que el 10% o 20% del valor de una vivienda, que normalmente se requiere tener en efectivo para el pago inicial en una compra.
> Te comprometes a alquilar por uno o dos años. Si quieres mudarte al final del contrato, lo único que tienes que hacer es notificar al arrendador. No tienes que encontrar otro comprador.
> El arrendador es responsable de las reparaciones y mantenimiento sin costo adicional para ti, y a veces las cuentas de calefacción y servicios públicos están incluidas en el alquiler.

Por otro lado, tanto alquilar como comprar tienen desventajas. Al alquilar, no se acumula valor líquido y el alquiler puede aumentar cada vez que renuevas el contrato de arrendamiento. Al comprar, tendrás que considerar mayores cuentas de seguro e impuestos, además de los costos, algunas veces inesperados, de mantener tu vivienda en buen estado.

SERVICIOS (*UTILITIES*)

Los servicios como el gas, el agua y la electricidad los suelen proporcionar empresas privadas, el municipio o el Gobierno federal. En muchos casos, debes solicitar tú mismo estos servicios (excepto el agua), y acordarte de llevar tu contrato de alquiler, número de Seguro Social y alguna forma de identificación con tu fotografía. Dependiendo de tu historial crediticio, puede que te pidan una fianza que puede ir desde $50 hasta $300.

Agua

El agua se factura según el uso y se cobra junto con el alquiler.

Electricidad y gas

Cada inquilino debe solicitar este servicio a las compañías locales de electricidad y/o gas. El propietario, encargado del edificio o el portero pueden informarte quién es responsable del suministro de gas y electricidad y dónde puedes solicitarlo. Comparadas con las de otros países, las tarifas de la electricidad en Estados Unidos son bastante razonables.

Corriente eléctrica

La electricidad es de 110 voltios. Dependiendo del país del que vengas, puedes necesitar adaptadores o transformadores. Es fácil encontrarlos en tiendas como Radio Shack, en el supermercado e incluso en las farmacias.

Reciclaje

Muchos estados se están volviendo cada vez más ecológicos (sobre todo California) y la gente suele separar la basura. En los edificios suele haber diferentes contenedores y el papel, el vidrio y los envases plásticos se suelen recoger por separado. Los envases suelen tener un símbolo que indica que se pueden reciclar. La comida y los residuos que no son reciclables se recogen por separado.

Toda basura que contenga veneno o productos químicos (ej. refrigeradores, pintura, pilas, etc.) tiene que llevarse a depósitos especiales y no puede tirarse a los contenedores de basura normales. Estos depósitos están gestionados por las compañías de tratamiento de residuos locales. Las pilas se pueden tirar en los supermercados o en las tiendas de electrónica.

La ropa y los zapatos viejos pueden donarse fácilmente. Hay muchas organizaciones que tienen tiendas especializadas en recibir y vender ropa y accesorios usados. Puedes encontrar sus direcciones en las páginas amarillas o en Internet.

Teléfono

En 1983, la American Telephone & Telegraph Company (AT&T) perdió su monopolio y se dividió en varias compañías regionales, las llamadas *"Baby Bells"*. Estas empresas compiten entre ellas y con otras empresas de larga distancia, de cabinas telefónicas, móviles e Internet. AT&T sigue siendo líder en el mercado de las llamadas a larga distancia, seguida por MCI Worldcom y Sprint.

La mayoría de las llamadas se cobran por minuto, y cada compañía ofrece sus propias ofertas y planes de llamadas. En Estados Unidos hay tres tipos de llamadas: locales, intraestatales (dentro del mismo estado) e interestatales (a otros estados).

Para las llamadas locales, la mayoría de las compañías tienen tarifa plana, con la que puedes hablar tantos minutos como quieras. Las tarifas para llamadas intraestatales, interestatales e internacionales varían mucho según la empresa. Hay diferentes tarifas según el momento del día, y se suelen conseguir descuentos de entre el 20% y el

30% si se llama de 5 p.m. a 11 p.m. durante la semana y del 40% al 60% llamando de 11 p.m. a 8 a.m. y los sábados y domingos. Aunque los precios exactos dependen del estado, la compañía y el plan de llamadas, casi todos los planes dividen la semana de esta forma. En general, las tarifas telefónicas son más baratas que en otros países. En algunos estados hay tarifas especiales para los pobres y los ancianos.

Cuando solicitas la línea puedes mantener el número del anterior inquilino o pedir uno nuevo. Para pedir la línea, llama a la compañía telefónica local (aparecen en las páginas amarillas en la guía del consumidor). Dependiendo del proveedor, tendrás o no que pagar un cargo por instalación. Lo que tardan varía según la ciudad y el proveedor, pero no suele ser más de un par de días.

Para solicitar una línea tienes que dar la siguiente información:

> Nombre
> Dirección
> Nombre del anterior inquilino o el antiguo número
> Tipo de plan de llamadas que quieres
> Número de Seguro Social de la persona a cuyo nombre va ir la factura
> Información crediticia
> La compañía de larga distancia que deseas

Las facturas de teléfono se te enviarán mensualmente y aparecerán los cargos del mes anterior, detallando todas las llamadas. Si eliges una compañía distinta para las llamadas internacionales, recibirás una factura distinta o se facturarán también las llamadas a larga distancia a través de tu compañía local.

Mientras que las llamadas locales las gestionan empresas de telefonía locales (normalmente una de las "*Baby Bells*"), las llamadas fuera de tu área están gestionadas por compañías de teléfono a larga distancia. Al contratar tu línea telefónica puedes elegir la compañía de larga distancia. Todas las llamadas que hagas empezando por 1 y seguidas de un prefijo de área irán por defecto a través de esta compañía.

Con algunos proveedores de larga distancia no necesitas ni suscribirte, es suficiente con marcar un prefijo especial antes de marcar el número al que quieres llamar. Antes de conectarte se te informará del costo por minuto de la llamada. El costo aparecerá en tu factura de teléfono normal, y no tendrás que hacer pagos por separado.

Si llamas al extranjero, es mejor que compres una tarjeta de prepago para llamadas internacionales, ya que suelen tener las tarifas más baratas.

Teléfono celular

Los teléfonos móviles se utilizan mucho en Estados Unidos. El mercado de telefonía móvil se encuentra dividido entre AT&T, Verizon Wireless, Sprint y T-Mobile.

La cobertura es el área geográfica en la que puedes utilizar tu móvil (celular) para hacer o recibir llamadas. El sitio donde vives es por lo tanto el factor principal a la hora de elegir un plan de llamadas, ya que no querrás pagar costos de *roaming* o no tener servicio cuando necesites utilizar el teléfono.

Las tarifas son distintas si llamas a un teléfono fijo o a móviles de tu misma red o de otra. Las llamadas al mismo operador de móvil son las más baratas (a veces son gratis), mientras que las que hagas a otro operador son más caras, por lo que vale la pena saber qué operador utilizan tus familiares y amigos.

TELÉFONOS DE TARJETA PREPAGA

Si buscas un teléfono para casos de urgencia o un uso muy ocasional, un móvil (celular) de tarjeta te ahorrará dinero a largo plazo. Un móvil de prepago es una buena forma de saber cuáles son tus patrones de uso antes de comprometerte con un contrato mensual a largo plazo.

Ventajas de los móviles de tarjeta:

> ➤ Tienes más control sobre lo que gastas.
> ➤ No hay facturas mensuales.
> ➤ No hay contrato, ni compromiso a largo plazo.

> ➤ No necesitas historial crediticio.
> ➤ Ideales para usuarios ocasionales.

Desventajas de los móviles de tarjeta:

> ➤ Las tarifas por minuto son más caras.
> ➤ No puedes aceptar llamadas a cobro revertido.
> ➤ Puedes perder dinero si no utilizas los minutos que compraste.

TU MOVILIDAD

Como mencioné en la sección de documentación, antes de decidir qué auto te vas a comprar, si nuevo o usado y si financiado o al contado, deberás tener tu licencia de conducir y un historial crediticio si decides comprarlo financiado.

Auto nuevo o usado (¿financiarlo o alquilarlo?)

A menos que te mudes a Manhattan en Nueva York, donde el sistema de transporte público es bueno y el costo de tener un auto es alto, necesitarás un auto.

Tendrás que evaluar económicamente qué te conviene. A continuación hay una tabla para ayudarte a decidir. En última instancia, decidirás qué es lo mejor para ti. Los factores más importantes son la distancia que tendrás que manejar todos los días y el presupuesto que tienes para pagar, que habrás preparado siguiendo las pautas de la sección anterior. Estas son algunas cosas que debes tener en cuenta:

Auto: características	Usado	Nuevo – *Lease*	Nuevo – Financiado
Millas/ Kilometraje	Ilimitadas	Limitadas	Ilimitadas
Mantenimiento	Alto	Bajo	Bajo
Seguro	Bajo	Alto	Alto
Garantía	Alta	Incluida	Incluida
Mensualidad	Depende del interés	Normal	Alta
Interés	Depende del crédito	Depende del crédito	Depende del crédito

SI DECIDES COMPRAR UN AUTO USADO, POR FAVOR LEE ESTO PRIMERO

Cuando quieras comprar un auto usado, antes de comprarlo necesitarás hacer un poco de tarea. Invertir tiempo ahora te ahorrará un dolor de cabeza. Ten en cuenta tus hábitos como conductor, necesidades y presupuesto. Hay mucha información sobre automóviles usados en Internet. Usa la frase "*used cars*" (automóviles usados) como palabras clave y encontrarás información sobre cómo comprar un auto usado, instrucciones detalladas para realizar una inspección de precompra y anuncios de automóviles disponibles a la venta, entre otros datos útiles. Las bibliotecas y librerías también tienen publicaciones que permiten comparar modelos, opciones y costos. Muchas de estas publicaciones incluyen detalles sobre "lo que se debe hacer y lo que no se debe hacer" cuando compras un auto usado.

Opciones de pago

Tienes dos opciones: pagar el monto total o pagar a plazos. Si compras a crédito, el costo total del auto aumentará porque también estarás pagando el costo del interés. Además, deberás considerar la cantidad o el monto que podrás pagar por adelantado, tus pagos mensuales, la duración del préstamo y su TAE o Tasa Anual Efectiva (*Annual Percentage Rate*, APR). Ten presente que las tasas anuales efectivas son generalmente más altas y los períodos de los préstamos más cortos cuando se trata de automóviles usados que cuando se aplican a vehículos nuevos.

Los concesionarios de automóviles y los prestadores ofrecen una variedad de términos y condiciones de préstamo y planes de fechas de pago. Busca, compara las ofertas y negocia el mejor trato posible.

Ten cuidado con los anuncios que ofrecen financiación a compradores novatos o a personas con malos antecedentes de crédito. Estas ofertas a menudo requieren un pago importante por adelantado y tienen una TAE (APR) alta. Si aceptas una financiación con una alta tasa anual efectiva, puedes estar tomando un gran riesgo. En el caso de que decidas vender el automóvil antes de que el préstamo expire, el monto que recibirás por la venta de tu vehículo puede ser bastante inferior al que necesitas para terminar de pagar el préstamo.

CONSEJO:

Si decides financiar la compra de tu auto, asegúrate de comprender los siguientes aspectos del acuerdo de préstamo antes de firmar cualquier documento:

1. el precio exacto que estás pagando por el vehículo;
2. el monto que estás financiando;
3. el cargo financiero (el monto en dólares que te costará el crédito);
4. la TAE o "APR" (la medida del costo del crédito, expresada en términos de tasa anual);
5. la cantidad y los montos de los pagos;
6. el precio total de venta (la suma de los pagos mensuales más el pago por adelantado).

Los autos usados se venden a través de varios tipos de distribuidores: concesionarios con franquicia y concesionarios independientes, compañías de renta de automóviles, compañías de *leasing* (arrendamiento con opción de compra) y grandes súper tiendas de automóviles. También puedes comprar un auto a través de Internet. Consulta con tus amigos, parientes y colegas de trabajo para obtener recomendaciones.

La Ley de Automóviles Usados de la Comisión Federal de Comercio (Federal Trade Commission, FTC) requiere que los concesionarios fijen una Guía del Comprador en cada automóvil usado que esté a la venta. Esta guía también forma parte de tu contrato de venta y predomina sobre otras disposiciones contrarias. Por ejemplo, si la Guía del Comprador dice que el vehículo se vende con una garantía y el contrato dice que el automóvil se vende "en su condición actual", el concesionario debe darte la garantía que menciona la guía.

CONSEJO:

Cuando compres un automóvil en un concesionario, a un colega de trabajo o a un vecino, ten en cuenta estos consejos para saber lo máximo posible acerca del vehículo:

1. Examina el auto usando una lista de verificación para la inspección. Puedes encontrar una lista de este tipo en artículos de publicaciones, libros y sitios de Internet que tratan sobre temas de compra-venta de autos usados.
2. Prueba las condiciones de manejo del vehículo en diferentes terrenos: colinas, autopistas o carreteras, y en tráfico urbano.
3. Pide el registro de mantenimiento del automóvil. Si el dueño no tiene copias del mismo, contacta al concesionario oficial o negocio de reparaciones donde se hayan realizado la mayoría de los trabajos. Quizá compartan sus archivos contigo.
4. Habla con el dueño previo, especialmente si el actual no está familiarizado con los antecedentes del auto.
5. Haz inspeccionar el automóvil por un mecánico contratado por ti.

SEGURO DE AUTO

En Estados Unidos es obligación tener un seguro de auto para poder manejar. Lamentablemente, hay personas que manejan sin seguro y son un gran riesgo, porque si tienen un accidente, no habrá quién pague y tu seguro será el único que te protegerá. Es muy importante que contrates un buen seguro.

El propósito de todo seguro es ofrecer protección contra cualquier tipo de pérdida, y en este caso, contra una pérdida económica que resulte como consecuencia de un accidente, destrucción o pérdida total del vehículo.

Los requisitos de cobertura varían por estado. Además, hay diferentes tipos de cobertura a distintos niveles de precios, por lo que es indispensable comparar las diversas alternativas para elegir la mejor opción, y de acuerdo a lo que exigen las leyes estatales.

Los niveles de cobertura varían de acuerdo a la póliza que se adquiere, y puede incluir cobertura por responsabilidad, daños por colisión, emergencia y Protección Garantizada del Automóvil nuevo (Guaranteed Auto Protection, GAP). El seguro GAP es recomendable cuando compras o alquilas un auto nuevo por lo siguiente: todo auto nuevo pierde casi el 30% de su valor apenas lo sacas del concesionario, y si después de un breve período te ves envuelto en un accidente que resulta en una pérdida del auto, el seguro te devolverá el valor del mercado del auto; es decir, el 70% de lo que pagaste. El GAP se encarga de cubrir la diferencia.

Cobertura por responsabilidad (*liability*)

En muchos estados esta cobertura es obligatoria y se exige que el seguro cubra al menos los costos asociados a la responsabilidad del conductor (*liability*). Esto es para que el conductor, en caso de accidente, pueda cubrir los daños ocasionados a otras personas o propiedad. Por lo tanto, la cobertura puede incluir lesión corporal o daños de propiedad, por los cuales el conductor es responsable. También puede cubrir los gastos legales si el conductor es llevado a juicio. El monto de cobertura mínima varía por estado y es fijo, pero puede ser aumentado pagando una prima de seguro más alta.

Cobertura total (*full coverage*)

Si compras un auto a crédito, lo más seguro es que el prestamista requiera que la cobertura para el seguro del auto sea total (*full coverage*). La cobertura total es la que comprende la cobertura de responsabilidad requerida por el estado, de colisión y de daño físico. Esto se debe a que el auto es la garantía para el prestamista, y cualquier cosa que le pueda suceder al auto aumenta el riesgo de pérdida del vehículo.

Es importante comprender los tipos de cobertura para ajustarlos de acuerdo a tus necesidades y economía, y obtener el mejor seguro por tu dinero.

Cobertura por colisión

Esta cobertura en la mayoría de los casos es opcional, y está destinada a pagar por los daños ocasionados a tu auto por una colisión, ya sea con otro vehículo u objeto.

Otras coberturas opcionales

> La cobertura por daño físico cubre las pérdidas causadas por circunstancias distintas a un choque o colisión, como robo, inundaciones, incendio, vandalismo, etc.
> La protección para gastos médicos o lesiones personales paga por los gastos médicos para el conductor y pasajeros que resultan lesionados en el vehículo.
> También existe la cobertura contra conductores no asegurados que cubre las lesiones causadas por conductores sin seguro y, en algunos estados, puede cubrir los daños ocasionados a tu vehículo.

> ➤ Hay seguros que también pueden ofrecer asistencia en carretera, que cubre remolque y el servicio técnico.
> ➤ Otra opción es el reembolso por alquiler de vehículos, que se encarga de pagar el alquiler de un auto si el tuyo está fuera de servicio como resultado de una pérdida cubierta bajo las coberturas por choque o daño físico.

La mayoría de las pólizas de seguros de autos están asociadas con el auto, no con el conductor, es decir, que pagarán adecuadamente, independientemente de quién está conduciendo el auto en el momento del accidente (siempre y cuando el dueño de la póliza le haya permitido al conductor utilizar el auto). Sin embargo, si otra persona va a usar el auto con frecuencia, asegúrate de incluirla en la póliza de seguro. Además, si alguien conduce el coche mucho más a menudo que tú (el dueño de la póliza), debes pensar en registrarlo como el principal conductor del auto.

ENVÍO DE DINERO A TU FAMILIA

Cuando ya estés establecido en Estados Unidos, es muy probable que quieras enviar dinero a tu familia. Hay varias opciones, pero tendrás que analizar cuál te ofrece la menor tasa de envío, la mejor tasa de cambio, comodidad y seguridad.

Cuando elijas una forma de envío, debes fijarte en cuatro aspectos…

El costo

La competencia y la aparición de nuevas formas de envío han reducido los costos en los últimos años. El precio del envío se compone de dos partes: la tarifa de la empresa que hace el envío y la comisión por el cambio de moneda. Esta última varía, pero suele ser de alrededor del 1%.

La conveniencia

El lugar de envío y cobro del dinero debe ser cercano y la rapidez es otro tema a tener en cuenta. Un servicio puede ser muy barato, pero si la persona que recibe el dinero tiene que ir a otra ciudad para cobrarlo, puede terminar siendo más caro.

La reputación

También es importante la seriedad de la empresa. Algunos servicios prometen tarifas muy baratas, pero no son claros acerca de los plazos o en informar de antemano qué cantidad recibirá el destinatario.

El valor agregado

El envío de dinero puede tener beneficios, tanto para el que lo envía como para el que lo recibe. El que recibe, por ejemplo, puede mejorar su historial de crédito si la entidad está conectada a Equifax, ya que los envíos se registran como pagos de recibos. La entidad receptora puede ofrecer servicios a quien recibe el dinero, como asesoría sobre sus finanzas, cuentas de ahorro, etc.

LAS REDES DE TRANSFERENCIA DE DINERO

Hay empresas especializadas en el envío de dinero que crean una red propia, aunque luego se asocien con agentes para llegar a más puntos de destino o de recepción de fondos. Es el sistema más utilizado: el 92% de los inmigrantes latinoamericanos que envían dinero realizan transacciones con este tipo de agentes. MoneyGram tiene la red de distribución más grande, seguido de Vigo, Xoom, Western Union y Viamericas.

VENTAJAS	**DESVENTAJAS**
Son muy fáciles de usar, no requieren cuentas bancarias y los envíos se hacen con rapidez, incluso de forma instantánea.	Los costos de envío pueden ser más altos que por otros métodos. Cada empresa tiene unas tarifas y red diferentes. No todas son totalmente transparentes. Solo las grandes, que dominan el mercado, ofrecen servicio a la mayoría de los países.

Envíos por Internet

En realidad, son una variedad del sistema anterior, pero usan exclusivamente una página web como punto de entrega del dinero. La empresa que envía tiene acuerdos con bancos y agentes en los países de entrega, que depositan el dinero en una cuenta o entregan el dinero en efectivo.

VENTAJAS	**DESVENTAJAS**
El pago en el sitio web se realiza con facilidad a través de una cuenta corriente o una tarjeta de crédito o débito.	Pagar con tarjeta resulta más caro, ya que el servicio entonces cobra una comisión más alta para hacer frente al costo que le implica a Visa, MasterCard o American Express. No todo el mundo tiene acceso a Internet.

Este método se usa sólo en un pequeño porcentaje de los envíos a Latinoamérica, pero es el de más rápido crecimiento. El más popular es Xoom, que cuenta con alrededor del 50% del mercado.

Otra forma de enviar dinero a Latinoamérica es por transferencia bancaria, especialmente si los bancos del país de destino tienen filiales en Estados Unidos. Los grandes grupos bancarios a los que puedes acudir son, principalmente, BBVA, CITBANK, HSBC y Scotiabank.

LA SALUD DE TU FAMILIA

El sistema de salud estadounidense es muy competente y avanzado, pero también es muy caro. Los hospitales disponen de los equipos de alta tecnología más avanzados, y los médicos y cirujanos están muy bien formados y motivados. Sin embargo, esta enorme calidad viene acompañada de precios astronómicos. Debes saber que los costos de la atención sanitaria (médicos, estancias hospitalarias e incluso medicamentos) son de los más caros del mundo.

Aunque la atención sanitaria es, probablemente, la mejor del mundo para las personas con recursos, es precaria para los pobres y desempleados. Un 15% de la población estadounidense carece de seguro médico, y los programas financiados con fondos públicos, Medicare y Medicaid, solo cubren a personas mayores de sesenta y cinco años, a los minusválidos y los muy pobres.

Médicos

Ten en cuenta que en las grandes ciudades la mayoría de los médicos tienen una o dos especialidades (incluso los de medicina general). Las más comunes son medicina interna, medicina de familia, pediatría y ginecología. El mejor médico de cabecera dependerá de tu edad y la de tu familia y de tu historial médico. Te recomiendo que busques un médico de cabecera cuanto antes, en vez de esperar a enfermarte (ya que tendrás menos tiempo para elegir bien).

Es mejor pedir cita antes de ir al médico. Si es tu primera vez, es probable que tengas que rellenar un formulario con tu nombre, dirección, número de Seguro Social e información sobre tu seguro médico. A no ser que realmente necesites tratamiento urgente, es mejor NO ir a la sala de urgencias para ver a un médico. Sólo debes utilizar las salas de urgencias en caso de emergencia, pues tienden a ser realmente caras.

Si vives en una ciudad grande, tendrás más posibilidades de encontrar un médico que hable español. Busca la lista de médicos en las páginas amarillas o llama a tu compañía de seguros.

Si estás enfermo y no puedes ir a la consulta, puedes consultar con tu médico por teléfono. Ten en cuenta que en Estados Unidos la mayoría de los médicos no hacen visitas a domicilio. En algunas ciudades hay servicios especiales de visitas a domicilio (*house calls*) que tienen un médico disponible para ir a tu casa las veinticuatro horas del día.

Dentistas

En Estados Unidos los dentistas, al igual que los médicos de medicina general y otros especialistas, suelen tener consulta privada y ser muy caros. Como los tratamientos dentales son muy caros, muchos extranjeros se hacen sus revisiones dentales durante las visitas a su país.

Muchos grandes hospitales, sobre todo los que están asociados a universidades, tienen clínicas dentales que están abiertas al público y suelen ser mucho más baratas que las privadas. Normalmente los seguros solo cubren tratamiento dental de emergencia, así que infórmate de las tarifas antes de ir al dentista.

Medicamentos

Hay dos tipos de medicamentos: sin o con prescripción médica (receta). Para comprar medicamentos con prescripción médica, debes acudir a la farmacia con una prescripción de un médico y el farmacéutico te dará el medicamento. La ley sobre prescripciones es muy estricta, y muchas medicinas que en tu país puedes comprar sin problemas, necesitan receta en Estados Unidos.

Si tienes seguro médico, la mayor parte del costo de los medicamentos con prescripción generalmente será cubierta por tu compañía de seguros. Pagarás una parte simbólica del medicamento, dependiendo de si es de marca o genérico. Con el seguro, pagas por el medicamento y envías el recibo a la compañía de seguros para que te rembolse.

Ten en cuenta que en Estados Unidos los medicamentos con receta suelen ser muy caros, y que muchas pólizas de seguro no cubren medicamentos para problemas médicos preexistentes. Averigua si tu compañía de seguros tiene su propia farmacia; normalmente suelen tener medicamentos a precios más económicos.

Farmacias

El horario de las farmacias es similar al del resto de las tiendas: de 9 a.m. a 9 p.m., siete días a la semana. Algunos analgésicos, como el paracetamol, se pueden adquirir sin receta en las farmacias. Para comprar el medicamento que necesitas tendrás que acudir a una farmacia en el interior de tiendas como Wal-Mart, Walgreens, Eckerd, Pulbix, WinnDixie, CVS o RiteAid. También hay farmacias en muchos supermercados.

Si necesitas medicación urgente, encontrarás la lista de farmacias de guardia en el periódico local o en las páginas amarillas. También puedes acudir a cualquier farmacia donde suelen tener una lista, en la puerta o la ventana, de las farmacias de guardia más cercanas.

Emergencias

Puedes llamar gratis al 911 desde cualquier teléfono público. En caso de emergencia en la autopista o en una carretera secundaria, mantén la calma y, si no tienes teléfono móvil, intenta localizar el teléfono de emergencias más cercano. La respuesta a accidentes en las carreteras principales suele ser bastante rápida.

Recuerda que el tratamiento "gratuito" no existe en Estados Unidos, ni siquiera en los hospitales públicos. Toda la atención sanitaria, incluidas las urgencias, tienen que pagarse, ya sea personalmente o a través del seguro. En muchos hospitales de las ciudades suelen tener una clínica de urgencias que atiende casos graves y es más barata que un hospital normal o una clínica; pero aun así hay que pagar.

Por tanto, para venir a Estados Unidos, es de vital importancia tener un seguro médico, o una enfermedad seria podría causarte un desastre financiero. En algunos casos puede que hasta te obliguen a demostrar que tienes cobertura médica ya que, a partir de 2014, será obligatorio tener seguro médico.

SEGUROS DE SALUD

Uno de los errores más grandes que uno comete cuando viaja a Estados Unidos o decide venir a vivir, es dejar la compra de seguros al final de la lista. Además de tener tu inventario, relación de gastos de tu hogar y tu movilidad, es muy importante que tu familia esté asegurada.

Hay muchas formas de conseguir un seguro privado que te cubra en caso de una eventualidad o emergencia. Puedes pedir asesoramiento sobre los distintos tipos de seguro a una compañía de seguros privada o a un agente. Ten en cuenta que la mayoría de los agentes de seguros trabajan a comisión, por lo que pueden no ser objetivos. Si quieres asesoramiento objetivo, debes encontrar un agente de seguros independiente. Algunos bancos ofrecen asesoramiento sobre seguros entre sus servicios financieros.

Seguro médico privado

Los médicos facturan a tu compañía de seguro de salud por los servicios prestados. La compañía de seguro de salud pagará entonces una parte o todos los servicios médicos que hayas recibido. A menudo, debes pagar una parte de tus cuentas médicas. A este pago se lo llama a veces copago (*co-payment*).Y de esto también dependerá tu deducible, que es el límite de lo que tendrás que pagar de tu bolsillo; presta atención con seguros que parecen ser menos costosos porque tienen un deducible alto. Por ejemplo, si el deducible es de $5.000 tú deberás pagar $5.000 antes de que el seguro empiece a contribuir.

En seguros de salud privados, sea cual sea el tipo, se requiere que pagues un costo mensual o quincenal a veces llamado "*premium*", que mantiene vigente la cobertura del seguro. Algunos planes también ajustan un "deducible", o un monto de dinero que deberías pagar junto con el seguro para pagar un tratamiento más costoso, por ejemplo, elevados gastos hospitalarios.

Los planes de salud varían en los montos de coberturas para prescripciones, exámenes de laboratorios, procedimientos selectivos como mamografías, cirugías plásticas y atención de salud mental. Evalúa varios planes diferentes en cada categoría comparando cuál es el mejor para tus necesidades. Muchos planes de salud no incluyen seguro dental u oftalmológico. Otras compañías se encargan de estas clases de coberturas.

Algunas asociaciones profesionales ofrecen planes de bajo costo con extras como cobertura para medicina complementaria y alternativa, como acupuntura, hierbas y masajes.

Seguros del Gobierno

Si no tienes seguro de salud, quizá puedas obtener ayuda federal o estatal para recibir atención médica. Por lo general, la mayoría de los estados prestan algún tipo de ayuda a niños y a mujeres embarazadas. Infórmate llamando al departamento de salud pública de tu estado o ciudad.

Medicaid es un programa conjunto del Gobierno federal y del Gobierno estatal para personas de bajos ingresos. Cada estado tiene sus propias normas de elegibilidad para recibir Medicaid. Este programa paga servicios médicos, como consultas médicas y hospitalización.

Medicare es un programa de seguro de salud para personas de sesenta y cinco años de edad o más, o para personas con discapacidades específicas. Medicare paga los servicios si te has enfermado o lesionado, pero no paga medicamentos recetados, atención rutinaria (como, por ejemplo, exámenes médicos) o servicios de atención dental ni de atención oftalmológica.

Medicare tiene varias partes, entre ellas, la Parte A, la Parte B y la cobertura para medicamentos con receta médica. La Parte A es gratis y cubre las internaciones y las estadías en residencias geriátricas (*nursing homes*) certificadas por Medicare. La Parte B cubre las consultas médicas, los servicios de ambulancia, los análisis y la atención para pacientes no hospitalizados. Para obtener la protección incluida en la Parte B, es necesario pagar un cargo mensual. La cobertura para medicamentos con receta médica ayuda a pagar los costos de medicamentos recetados por los médicos para un tratamiento. La inscripción en un plan de Medicare de cobertura para medicamentos con receta médica es voluntaria, y es necesario pagar un cargo mensual adicional por esta cobertura.

Por lo general, para obtener beneficios de Medicare, deberás haber trabajado en Estados Unidos por un período de diez años (o cuarenta trimestres).

Las clínicas son consultorios médicos que prestan servicios gratis o a precios económicos. La mayoría de las comunidades tiene por lo menos una clínica. Las organizaciones comunitarias que ayudan a los inmigrantes te pueden ayudar a localizar una clínica gratis o económica en tu área.

CONSEJO:

El Departamento de Salud y Servicios Sociales de los Estados Unidos (U.S. Department of Health and Human Services) también ofrece servicios de atención médica básica a los inmigrantes. Esta dependencia tiene un sitio en la web que incluye una lista de clínicas y de otras opciones para obtener servicios de atención médica. Para localizar una clínica o un médico en tu zona, visita el siguiente sitio: ask.hrsa.gov. Escribe tu estado o código postal para obtener información. También puedes buscar información en la sección de las páginas amarillas de tu guía telefónica titulada "*Social Services*".

ASEGURA TUS BIENES Y TU VIDA

Seguro de arrendatario

El arrendador se responsabiliza de asegurar la vivienda, pero tú tendrás que asegurar tus pertenencias. Además, si alguien sufre un accidente en tu casa, puedes ser responsable de pagar los gastos médicos. Así que aunque el sitio donde vives no sea tuyo, vale la pena asegurarte.

Seguro del hogar

El seguro del hogar cubre los costos en caso de robo, vandalismo, tormentas y otras eventualidades. Suele remplazar los objetos afectados por su valor actual, incluyendo muebles, electrodomésticos y hasta un límite de efectivo. La cobertura del seguro debería corresponder al valor actual de los objetos asegurados en la vivienda. Si tienes objetos de valor, puede que necesites una póliza adicional.

Seguro de vida

Hay seguros para toda la vida (*Whole Life Insurance*), que garantizan a la familia del asegurado el pago de una cantidad fija si este muere, o por un período determinado (*Term Life Insurance*). Ese periodo puede ir de un año, a diez, veinte e incluso treinta años. También puedes asegurarte hasta una determinada edad, como los sesenta y cinco o setenta años. Este tipo de seguros caduca en el tiempo fijado.

El seguro de vida por un tiempo determinado suele hacerse para proteger a la familia de deudas. Por ejemplo, si tienes una casa y tú mueres, tu esposa tendría que pagar la hipoteca ella sola. Si tuvieses una póliza de seguro de vida, ella podría utilizar el dinero para pagar la hipoteca.

RESUMEN

En esta sección tienes todo lo necesario para manejar tu dinero de manera organizada. Podemos resumirlo en los siguientes puntos:

> ➤ Haz un plan y un presupuesto, en el que incluirás tus gastos fijos y variables.
> ➤ Es imprescindible tener una cuenta de banco y un buen historial de crédito.
> ➤ En cuanto a la vivienda, debes decidir si comprarás o alquilarás y cumplir con los requisitos en cada caso.
> ➤ Para la movilidad, el primer paso es obtener la licencia de conducir. Luego decidirás si compras un auto nuevo o usado.
> ➤ Debes contemplar los gastos de seguro de salud, de casa y de auto.

Entrevista con los expertos

Estas preguntas las respondí yo (en *La familia y el dinero* de la serie ¡Hecho fácil!), con la participación de Louis Barajas CFP, autor de *El camino a la grandeza financiera*, entre otros libros. Louis es el primer latino en recibir la designación de Planificador Financiero Certificado (CFP®).

¿Qué consejos le darías a una familia que recién llega a Estados Unidos acerca de sus finanzas?

EK: Para una familia que recién llega a Estados Unidos le diría que inmediatamente tenga un sistema para monitorear sus finanzas y un plan a largo plazo. Lo mejor sería hacer un plan financiero, donde puedan proyectar sus expectativas como familia. Además, lo primero será abrir una cuenta bancaria, y sacar una tarjeta prepaga de crédito.

¿Qué recomiendas sobre los bancos y las tarjetas de crédito, en qué hay que fijarse primero?

EK: El banco que escojas dependerá de dónde vives y de tus necesidades. Hoy en día muchos bancos tienen depósito por teléfono y algunos devuelven el cargo de los cajeros automáticos. Las dos cosas en las que uno deberá poner atención son los cargos de la cuenta por retiro, cheque, mantenimiento, etc. Asimismo, preguntar si hay protección contra sobregiros. Hay un servicio mediante el cual puedes pagar intereses o retirar de otra cuenta en el caso de sobregiros. De otro modo, el cargo podrá ser detenido. Finalmente, ten mucho cuidado con tu número de cuenta y documentos. Aunque no hay mucho robo en general, sí existe el "robo de identidad" (*identity theft*) y hay personas que roban tus datos para sacar crédito a tu nombre, haciéndote responsable de la deuda. Borrar este registro falso de tu informe de crédito llevará mucho tiempo. Es mejor prevenir que lamentar.

¿Cuál es la forma más rápida y fácil de tener mejor control de las finanzas y de establecer un crédito?

EK: Algunos dicen que el crédito es lo más importante, ya que lo necesitarás para alquilar una casa, comprarte un auto, sacar el seguro de auto y, a veces, hasta para postularte a un trabajo. El crédito por lo general se refiere a tu puntaje crediticio y de eso dependerá la tasa de interés que recibas para diferentes compras y el monto de tu crédito. ¿En qué se basa? Principalmente, en que pagues tus cuentas a tiempo y en que no te endeudes más del 70% de tu crédito disponible. El reto es cómo conseguirlo. El primer paso es con una tarjeta de débito. Y después, con una tarjeta de crédito de algún local o tienda y poco a poco. Es importante que uno controle la cantidad de tarjetas de crédito.

¿Cuáles son las mayores diferencias entre Latinoamérica y Estados Unidos en relación a las finanzas?

EK: Aun entre los latinos con sueldos altos, de $120.000 o más anuales, tienen ahorrado un promedio de $150.000 comparado con $161.000 en promedio de los estadounidenses. Los asiáticos tienen ahorrado un promedio de $223.000.

LB: La mayor diferencia es que los latinos no tienen la disciplina de ahorrar, pero tampoco son derrochadores; muchos de ellos usan el dinero para ayudar a su familia, pagar las escuelas y todo lo demás, antes de planificar para la jubilación o alguna emergencia.

EK: Otra gran diferencia de los latinos es que, dependiendo del país, tenemos tendencias diferentes. Por ejemplo, los peruanos no usan mucho los cheques ya que en los años ochenta los bancos cobraban mucho por cada cheque. Los venezolanos son muy cuidadosos con sus inversiones a largo plazo, ya que es muy difícil sacar el dinero del país y es necesario tener liquidez.

¿Qué deben evitar?

LB: Tienen que pensar en el día a día, pero proyectarse con un plan a largo plazo. También deben asesorarse solamente con expertos certificados. Por ejemplo, un contador deberá ser CPA (Contador Público Certificado). Para temas legales, deberán acudir a un abogado en lugar de un notario.

¿Qué hacen tus clientes para adaptar mejor sus finanzas a Estados Unidos?

EK: Lo primero que hacen mis clientes es estudiar el sistema y hacer una lista de las cosas que necesitan para estar preparados. Y por supuesto tener un plan financiero, el cual explico en la primera sección de esta tercera parte.

Historias de inmigrantes

Lolita y Pablo

Lolita y Pablo son mexicanos. Pablo trabaja en una empresa que tiene una sede en Estados Unidos y con una visa temporal, trasladaron a toda su familia. Ellos decidieron alquilar una casa y comprarse un carro usado al contado. La visa de Pablo no le permitía a Lolita a trabajar legalmente en el país, pero Lolita sacó su ITIN y siguió trabajando, ayudando con el negocio de su hermana en México y pagando sus impuestos en Estados Unidos con las ganancias que le mandaba su hermana mensualmente. Un día, su vecina Carla le dijo a Lolita que en Estados Unidos es muy importante hacer un historial de crédito y que la mejor forma era comprándose algo a crédito. Lolita no conocía a nadie, solo a Carla, a quien le pidió que le diera sugerencias. Ella le presentó a Simón, que vendía aspiradoras por $3.500 en efectivo, pero si necesitaba crédito, él cobraría el 20% anual de interés a cinco años. Y así fue, Lolita se demoró cinco años en pagar la aspiradora que le terminó costando $7.000 con intereses, y al final otras empresas se pasaron la voz y le dieron crédito a Lolita. Esto se pudo haber evitado si Lolita hubiese sacado una tarjeta garantizada en su banco.

Eduardo

Eduardo acababa de llegar a vivir a Miami con su esposa. Como todos, al principio, tuvo que tener diferentes trabajos y uno de sus trabajos fue ser repartidor (*delivery*) en una pizzería. Dio el examen de manejo y siempre conducía con cuidado y precaución. Un día una mujer lo chocó en un cruce; cuando llegó la policía, dijo que como había sido debajo del semáforo ninguno de los dos lados tenía la culpa. Sonó un poco raro, pero era recién llegado, vino la grúa y el conductor de la grúa puso mucha presión para llevarse el auto a un taller. Eran las 10:00 p.m. No quería ni esperar a que llegara la esposa de Eduardo con el otro auto. Al final fueron al taller, era viernes, y el dueño que se encontraba ahí dijo: "no se preocupen, dejen el auto y no les vamos a cobrar nada hasta el lunes que vengan los del seguro". "¿Por qué va a hacer eso, señor?" preguntaron extrañados. "Caramba", contestó el hombre, "parece que ustedes no han conocido gente buena. Llamen el lunes al seguro y les cobro a partir del lunes". Sábado y domingo fueron días de incertidumbre, pero no lo comentaron con nadie por no molestar.

El lunes estacionaron en la puerta, Eduardo entró a la oficina y la esposa vio abierta la puerta de un costado del taller y le llamó la atención ver el auto de su esposo con la tapa del motor abierta y un hombre sacando cosas del motor. Se acercó y le preguntó qué estaba haciendo con su auto. El hombre le dijo que era el mecánico que trabajaba ahí y que el dueño del taller le había vendido ese auto. En ese momento, sale Eduardo de la oficina y le dice a su esposa que el dueño del taller le dijo que ya habían estado los del seguro y que el auto era pérdida total (raro, porque sólo tenía una abolladura) y que se lo iban a llevar al depósito de carros que no servían, que no se preocuparan porque no tenían que pagar nada. Al darse cuenta del robo que les estaban haciendo, se llevaron su carro con una grúa y agradecieron a Dios por no haber perdido el auto. Esta situación se podría haber evitado si ellos hubieran preguntado y consultado con amigos o familiares que vivieron más tiempo en Miami y conocían las reglas del juego.

Tu plan de acción

Con la ayuda de esta tabla, toma nota de las fechas en las que completas los diferentes pasos a seguir, y anota toda información importante que no quieras olvidar.

ACCIÓN	FECHA DE FINALIZACIÓN	COMENTARIOS/ NOTAS
Hacer presupuesto y actualizarlo mensualmente		
Abrir cuenta de banco con tarjeta de débito		
Vivienda (compra o alquiler)		
Comprar auto nuevo/ usado		
Evaluar y contratar seguros		

CUARTA PARTE

Intégrate a tu comunidad

I NTRODUCCIÓN: DESCUBRIENDO UNA NUEVA CULTURA

La cultura es fundamental para la experiencia
de vivir en el extranjero.
—Robert Kohls

La cultura se refiere a la manera en que viven grupos de gente particulares; todo lo que un grupo de gente piensa, dice, hace y sus sistemas, actitudes y sensaciones. La cultura se aprende y se trasmite de generación en generación.

La emoción de vivir en otro país y otro ambiente, el conocer nuevos amigos, probar comidas distintas, al tiempo que uno extraña a su propia familia, son sentimientos comúnmente expresados por los inmigrantes. Aunque los estadounidenses son amigables, su franqueza y su estilo políticamente correcto a veces pueden ser abrumadores.

Además, tener que ocuparse de los pormenores de la vivienda, los distintos medios de transporte, tantas opciones y decisiones que tomar puede resultar agobiador. Absorber toda la información social, intercultural y migratoria, de una vez, es muy difícil. Puedes sentir que no tienes suficiente tiempo para adaptarte y pensar.

Pero si has llegado a esta parte del libro, espero que te sientas mucho mejor, ya que sabes cómo planificar el tema de los documentos, me imagino que tendrás en mente el desarrollo de tu búsqueda de trabajo, y habrás hecho un plan de acción para organizar tu dinero. Ahora nos toca lo más divertido y es la adaptación. Así como los zurdos deben adaptarse al mundo de los diestros, nosotros demostraremos nuestro poder de evolución con nuestra habilidad de adaptación a esta cultura. Uno de los pasos a seguir es siempre mantener tu identidad, pero tener como prioridad perfeccionar el inglés y aprender más sobre los estadounidenses, las comunidades y las oportunidades.

IMPACTO CULTURAL E INTEGRACIÓN

Por lo general, la cultura refleja nuestros valores y puede que también tengamos que enfrentarnos a un conflicto de valores con los estadounidenses. Los estadounidenses se enfocan en actividades y acciones (enfocadas en lo que uno está haciendo) orientadas a alcanzar una meta, y son individualistas. Generalmente, las personas de otras culturas tienden a concentrarse en el proceso, en el "ser" (enfocadas en lo que uno es) y actividades orientadas al grupo.

Sin embargo, los extranjeros buscan a alguien con quien hacer amistad y fomentar la amistad a largo plazo. La amistad se toma como algo más superficial en algunas culturas que en otras. Un simple "¿como estás?" es solo un saludo, que no conduce a entablar una conversación para saber cómo se siente la persona. Puede parecer sorprendente ver a un recién llegado deteniéndose y preparándose a contestar, sólo para darse cuenta de que la persona que los saludó ya está a diez pies de distancia, caminando hacia su destino.

También te darás cuenta de que la verdadera Norteamérica es muy diferente a lo que se ve en los medios de comunicación. Las películas de Hollywood, los programas de TV, la comida rápida y otras cadenas de tiendas, no son necesariamente una buena representación de Estados Unidos.

Tener ese sentimiento de "confusión entre el amor y el odio" y sentirse un poco desilusionado es normal mientras se hace la transición y se comprende la cultura. Poco a poco, te irás adaptando y aceptando las diferencias, especialmente en cuanto a los estilos de comunicación: el lenguaje corporal, mirar directamente a los ojos, el espacio personal o las expresiones faciales; lleva tiempo darse cuenta dónde se terminan las diferencias culturales y empiezan las diferencias personales.

En el área laboral puede que no estés acostumbrado a que el jefe te felicite abiertamente o te critique. Una asistente de gerencia de una compañía dijo que "no estaba acostumbrada a que le dijeran cuando había hecho algo mal, o que la felicitaran cuando hacía algo bien". Algunas de estas cosas se pueden considerar como diferencias en el estilo de comunicación y los valores, expectativas de los jefes, enseñanza y aprendizaje, o simplemente cultura.

Consejos para sobrevivir

> Toma un café o té con compañeros, a la hora del descanso en el trabajo.
> Busca gente y grupos con la misma afición o interés.
> Comparte tus experiencias con tu familia, busca un buen plan internacional de llamadas usando Internet, como Skype.
> Visita museos de historia, o de cultura.
> Trabaja como voluntario en organizaciones de la comunidad; esto te ayudará mucho a relacionarte con otras personas con el mismo interés.
> No compares, adáptate a las costumbres de tu nuevo hogar.
> Participa en los eventos locales de tu comunidad (visita el centro comunitario más cercano). Allí encontrarás actividades y un calendario de eventos futuros.

Mantén una actitud abierta

No dudes en preguntar, los estadounidenses están dispuestos a ofrecer ayuda. Los que no preguntan por vergüenza terminan perdiéndose. Lleva tiempo saber cómo usar un nuevo idioma, o acostumbrarse a la comida, las costumbres y la forma de vida. Trata de iniciar la conver-

© DEPOSITPHOTOS.COM/RIDOFRANZ

sación en el momento adecuado, con un sencillo saludo estadounidense como "¿qué tal?" o "¿cómo estás?".

CONSEJO:

Para ayudarte a participar en tu comunidad, pregúntate lo siguiente (te servirá para buscar lugares donde puedas aplicar tus conocimientos y hacer lo que te gusta):

✓ ¿Cuál es tu hobby?
✓ ¿Qué te gusta hacer y qué es interesante para ti?
✓ ¿Qué hacías antes en tu comunidad en tu país?
✓ ¿Hay algo que quisieras mejorar en la comunidad?

Involúcrate

Aunque probablemente te sientas más cómodo hablando tu propio idioma, saliendo con amigos de tu país natal y participando en organizaciones internacionales, trata de incluir a los estadounidenses en tus actividades o tus conversaciones. Habla en inglés cada vez que tengas la oportunidad, y evita frecuentar solamente a personas de tu país; integra los dos grupos. Siéntete orgulloso de ser un embajador cultural. Los estadounidenses están ansiosos de aprender acerca de tu cultura directamente de ti. Come, duerme y haz ejercicio para mantenerte tanto en buen estado físico como mental. Esto te ayudará a mantener una actitud positiva mientras te adaptas a la nueva cultura.

Por último, recuerda que has venido a Estados Unidos no sólo para trabajar, sino también para tener una vida social, ser parte de la comunidad y para aprender la cultura. Conoce diferentes lugares y ciudades de Estados Unidos; es increíble cómo viajar ayuda a integrarse a este gran país que nos dio la bienvenida.

Cómo participar en tu comunidad

Al participar en la vida de tu comunidad, podrás vivir en ella más a gusto. Además, tu comunidad es una buena fuente de información. Algunas de las maneras en que puedes participar:

> ➤ Preséntate a tus vecinos y establece buenas relaciones con ellos.
> ➤ Comunícate con las organizaciones comunitarias que ayudan a los inmigrantes.
> ➤ Únete a grupos organizados dentro de tu comunidad religiosa.
> ➤ Participa en la asociación de vecinos de tu barrio. Este es un grupo de personas residentes en el barrio que se reúnen para colaborar en asuntos que lo afectan.
> ➤ Ofrece servicios voluntarios en una organización, escuela o iglesia de tu comunidad.
> ➤ Inscríbete en clases de inglés o de gramática.

Podrás encontrar más ideas sobre cómo participar visitando el sitio del Departamento de Vivienda y Desarrollo Urbano (Department of Housing and Urban Development), en la siguiente dirección: www.hud.gov. La sección *Communities* contiene información sobre las comunidades y sobre oportunidades para participar.

LA IMPORTANCIA DE LOS ESTUDIOS Y EL INGLÉS

Educación

Nunca está de más repetir lo importante que es la educación, en todos los niveles. Cuanto más preparado estés, más oportunidades tendrás.

✓ ¿Qué estudiaste?

✓ ¿Qué te gustaría estudiar?

✓ ¿Cuál es tu nivel de inglés? ¿Dónde puedes aprender inglés?

✓ ¿Conoces la organización escolar estadounidense?

✓ ¿Qué debes hacer para inscribir a tus hijos en la escuela?

El aprendizaje del inglés

Hay muchos lugares donde se puede aprender a hablar, leer y escribir en inglés. Muchos niños y adultos se inscriben en clases de Inglés como segunda lengua (*English as a Second Language*, ESL). También se conocen como Inglés para personas que hablan otros idiomas (*English for Speakers of Other Languages*, ESOL) o como Alfabetización en inglés (*English Literacy*).

Los niños que no dominan el inglés lo aprenderán en la escuela. Los adultos que no comprenden el inglés pueden matricularse en clases de ESL ofrecidas por un programa de educación pública comunitaria y para adultos, o en una escuela de idiomas privada.

A menudo, los distritos escolares y los colegios de enseñanza superior ofrecen programas de educación pública comunitaria y para personas adultas. Muchos de estos programas son gratis, pero es posible que sea necesario pagar una cuota reducida.

© DEPOSITPHOTOS.COM/WAVEBREAKMEDIA

Para obtener información sobre escuelas de idiomas privadas, busca en las páginas amarillas de la guía telefónica bajo el título *"Language Schools"* (Escuelas de idiomas). Algunas organizaciones comunitarias, bibliotecas y grupos religiosos también ofrecen clases de ESL gratis o a bajo costo.

En muchos estados, es posible llamar al 211 y pedir ayuda para localizar los servicios que necesitas. Llama al 211 para averiguar dónde puedes inscribirte en clases de ESL en tu vecindario. También puedes llamar al 211 si necesitas ayuda para obtener alimentos o vivienda, o si deseas participar en un programa de tratamiento para la drogadicción u obtener otros servicios sociales. Algunos estados y condados no ofrecen el servicio del 211.

La escuela de tus hijos

Una de las primeras cosas que tendrás que hacer es matricular a tus hijos en una escuela. Llama a la oficina principal de tu distrito escolar local, o visítala, para averiguar a qué escuela deben asistir tus hijos. Informa al personal de la escuela sobre las edades de tus hijos y tu dirección. A diferencia de otros países, en Estados Unidos, si los niños asistirán a una escuela pública, no se puede elegir a cuál, sino que la escuela es asignada de acuerdo al lugar de residencia. Ten en cuenta que, a veces, los padres se informan acerca de qué escuelas públicas tienen un buen nivel, y recién entonces deciden adónde se mudarán.

Una vez que les asignan a tus hijos una escuela pública, o decides a qué escuela privada irán, deberás inscribirlos.

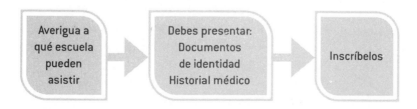

Averigua a qué escuela pueden asistir → Debes presentar: Documentos de identidad Historial médico → Inscríbelos

El número de Seguro Social no se requiere para la admisión en una escuela pública. La escuela te pide el número de Seguro Social, pero puedes anotar a tu hijo aunque no lo tenga.

La educación pública en Estados Unidos es gratuita y la mayoría de las escuelas públicas son mixtas. En Estados Unidos hay leyes de asistencia obligatoria a la escuela. Por eso, en la mayoría de los estados, las leyes estatales exigen que todos los niños de entre cinco y dieciséis años asistan a la escuela.

Tus hijos pueden asistir a una escuela pública o privada. En la mayoría de los estados, también puedes educar a tus hijos en casa; esto se llama *home schooling*. En las escuelas públicas no hay instrucción religiosa y el estado decide lo que los niños aprenderán. Sin embargo, los maestros y los padres de la comunidad pueden emitir su opinión y llegar a tener alguna influencia en cómo se enseñarán las materias.

Para asistir a las escuelas privadas hay que pagar matrícula. A muchas de estas escuelas las administran grupos religiosos. Algunas son mixtas. Otras son solamente para niños o para niñas. Algunas ofrecen ayuda económica para pagar la matrícula a estudiantes sin recursos.

La mayoría de los niños asiste a la escuela durante doce años. Tus hijos serán admitidos a un grado escolar según su edad y el nivel de educación que tengan. Probablemente, la escuela pedirá que den un examen para decidir el grado donde deben estudiar.

La organización de las escuelas en Estados Unidos

- ➤ Escuela primaria: Kindergarten y de 1ro. al 5to. grado – Niños de entre cinco y diez años.
- ➤ Escuela intermedia: De 6to. a 8vo. grado – Niños de entre once y trece años.
- ➤ Escuela secundaria: De 9no. a 12vo. grado – Jóvenes de entre catorce y dieciocho años.
- ➤ Instituciones de educación superior públicas o privadas: Hay colegios de enseñanza superior de dos o cuatro años, universidades y escuelas técnicas a las que pueden asistir todos los adultos.

El año escolar generalmente comienza en agosto o septiembre y termina en mayo o junio. En algunos lugares, los niños asisten a clases durante todo el año, porque participan de la escuela de verano, ya sea para adelantar como para mejorar su desempeño durante el año escolar. Los niños van a la escuela de lunes a viernes.

Si tus niños no hablan inglés, la escuela tiene la responsabilidad de evaluarlos y de ubicarlos en un programa adecuado. Las escuelas reciben fondos estatales y federales para programas y servicios de inglés como segundo idioma y para la educación bilingüe. Aunque tus hijos no hablen inglés, deben aprender las materias académicas de su grado. Esto es posible por medio del programa ESL.

Si la escuela queda demasiado lejos, los niños pueden tomar el autobús. Las escuelas públicas tienen autobuses que prestan servicios gratis. Los autobuses recogen a los estudiantes y los dejan en una parada cerca de tu casa. Si tienes auto, también puedes organizar un sistema de transporte compartido (*car pool*) y turnarte con otras familias de tu área para llevar a los niños a la escuela.

En la mayoría de los estados, tus hijos podrán asistir a la escuela gratis hasta que tengan veintiún años. Si no se han graduado de la escuela secundaria al llegar a esta edad, se pueden matricular en clases de educación para adultos para obtener un certificado de Desarrollo Educativo General (General Educational Development, GED) en vez de un diploma de escuela secundaria.

Los estudiantes con alguna discapacidad física o mental pueden recibir educación pública gratis, al igual que los niños sin discapacidades. Si es posible, se colocará a estos niños en un aula regular. Si la discapacidad es severa, es posible que reciban servicios educativos especiales fuera del aula. Para más información sobre la manera de obtener acceso a estos servicios, a través de tu Consejo Estatal, visita: www.acf.hhs.gov/programs/add/states/ddcs.html.

Los niños pueden llevar su almuerzo a la escuela o comprarlo en la cafetería de la escuela. El Gobierno también ofrece desayunos y almuerzos nutritivos, gratis o a un bajo precio, a los niños sin recursos para que puedan obtener su alimento en la escuela. Pregunta en la escuela si puedes participar en el programa de comidas escolares (School Meals).

EL PROGRAMA FEDERAL DE COMIDAS ESCOLARES

Los niños aprenden mejor cuando están bien alimentados. Para mejorar el aprendizaje, el Gobierno ofrece comidas sanas a bajo costo o gratis a más de veintiséis millones de niños, todos los días de clase. La participación en el Programa de Desayunos Escolares (*School Breakfast Program*) y en el Programa Nacional de Almuerzos Escolares (*National School Lunch Program*) depende de los ingresos de la familia y del número de integrantes. El Programa Especial de Leche (*Special Milk Program*) ofrece leche a niños que no participan en otros programas federales de comidas escolares. Para más información acerca de estos programas, consulta el sitio del Departamento de Agricultura de los Estados Unidos: www.fns.usda.gov/cnd.

Las escuelas públicas generalmente dan los libros gratis, pero debes comprar los útiles escolares, como papel y lápiz. Si no puedes comprar los útiles que tus hijos necesitan, comunícate con la escuela. En algunas escuelas se cobra una pequeña cuota por útiles o por eventos especiales, como paseos escolares. Muchas escuelas ofrecen programas de deportes y música después de las clases, pagando una cuota.

Los maestros ponen calificaciones según el trabajo que cada alumno realice durante el año escolar. Las calificaciones se basan generalmente en las tareas, las pruebas, la asistencia y la conducta en la clase. Recibirás un boletín de calificaciones (*report card*) varias veces al año. Este boletín te indicará el progreso de tus hijos en cada materia. Las escuelas tienen maneras diferentes de evaluar a los estudiantes. Algunas dan calificaciones usando letras, en las que una A o A+ significa excelencia, una D significa desempeño pobre y deficiencia y una F significa que se ha reprobado la materia. Otras escuelas dan calificaciones utilizando números. Otras resumen el rendimiento con palabras como "excelente", "satisfactorio" o "necesita mejorar".

Las escuelas tienen una lista de normas que los estudiantes deben obedecer. Estas normas forman su código de conducta. Los estudiantes que violan las normas de la escuela pueden recibir como castigo una "detención" en la escuela después de las horas de clase regulares. También es posible que se les prohíba participar en deportes u otras actividades escolares. El castigo corporal NO está permitido en las escuelas de Estados Unidos.

La mayoría de las escuelas públicas son lugares seguros. Pero algunas escuelas —principalmente las escuelas secundarias— tienen problemas de violencia, pandillas o drogas y alcohol. Si te preocupa la seguridad de tus hijos, comunícate con su maestro o consejero o con un miembro de la administración de la escuela.

CONSEJO:

La mayoría de las escuelas públicas y privadas tienen una Asociación de Padres y Maestros (*Parent Teacher Association*, PTA) o una Organización de Padres Maestros (*Parent Teacher Organization*, PTO). Esos grupos ayudan a los padres a mantenerse al día sobre lo que sucede en la escuela de sus hijos, y a participar en las actividades de la escuela.

Cualquier miembro de la familia puede afiliarse y participar, incluso los abuelos. Los PTA/PTO también apoyan a las escuelas al patrocinar actividades especiales y al proporcionar voluntarios para ayudar en las aulas. Muchas escuelas tienen información preparada específicamente para padres que no dominan por completo el inglés. Averigua en la escuela cuándo se celebran las reuniones y cómo puedes participar como miembro.

La Constitución de los Estados Unidos garantiza una serie de derechos básicos en el campo de la educación en lo referente a los derechos de los niños inmigrantes que residen en Estados Unidos. Todo niño, sin importar su estado migratorio, tiene el derecho de asistir a escuelas públicas sin costo. La Corte Suprema de los Estados Unidos ha declarado que las escuelas públicas no tienen derecho a:

> ✓ Negar la admisión en la escuela durante la matriculación inicial ni en ninguna otra ocasión porque el niño no tenga papeles.
> ✓ Tratar a un estudiante de manera diferente para averiguar su estado migratorio.
> ✓ Usar prácticas que dificulten el acceso a la escuela.

Además, las escuelas no pueden dar información personal sobre los niños, a menos que tengan permiso por escrito de los padres. O sea que no pueden dar información sobre los estudiantes o sus familiares a Inmigración sin el consentimiento de la familia.

EL CUIDADO DE LOS NIÑOS

Si trabajas y tus niños son demasiado pequeños para asistir a la escuela, necesitarás encontrar a alguien que los cuide mientras estás en el trabajo. A veces, también los niños que van a la escuela necesitan que alguien los cuide después de las clases si sus padres no pueden estar en casa.

© DEPOSITPHOTOS.COM/LISA F. YOUNG

Cómo encontrar servicios para el cuidado de tus hijos

Elegir a alguien que atienda a tus hijos es una decisión muy importante y tienes que evaluar la calidad y el costo de la atención. Trata de encontrar a alguien que viva cerca de tu casa o de tu trabajo. Pregúntales a tus amigos y compañeros de trabajo quiénes cuidan a sus hijos.

Algunos estados tienen agencias que ofrecen información sobre servicios y pueden darte una lista de programas para el cuidado de niños autorizados por el estado. Estos programas han recibido una licencia y cumplen con los requisitos específicos establecidos por el estado para la protección de los niños.

CONSEJO:

Si necesitas ayuda para encontrar buenos servicios para el cuidado de niños en tu área, el Departamento de Salud y Servicios Sociales de los Estados Unidos (U.S. Department of Health and Human Services) tiene un Centro Nacional de Información sobre el Cuidado de Niños (National Child Care Information Center). Llama al 1-800-616-2242 para obtener información. También puedes encontrar información sobre la selección de un buen programa para tus hijos en la siguiente página web: www.childcareaware.org.

Opciones para el cuidado de tus hijos

Cuidado en casa. Este tipo de servicio puede ser caro, porque los niños reciben más atención individual. La calidad de los servicios de este tipo dependerá de la persona que los presta.

Cuidado en familia. Se realiza en la casa de otra persona con un grupo pequeño de otros niños. Esto puede ser más económico que otros tipos de servicio.

Guarderías infantiles. Las guarderías son programas ubicados en escuelas, iglesias, otras organizaciones religiosas u otros lugares. En las guarderías hay generalmente varias personas encargadas de cuidar a grupos grandes de niños.

Asegúrate de que el proveedor o programa de servicios para el cuidado de tus hijos tenga licencia o acreditación. La designación "*Licensed*" significa que el programa cumple con las normas mínimas de seguridad y atención establecidas por el estado. La designación "*Accredited*" significa que el programa cumple con normas más estrictas que las necesarias para obtener una licencia del estado.

Piensa en lo siguiente al visitar un programa de servicios para el cuidado de niños:

> ➤ ¿Se ven los niños contentos cuando están con el personal?
> ➤ ¿Hay juguetes apropiados para la edad de los niños?
> ➤ ¿Estaban los niños realizando una actividad apropiada cuando los observabas?
> ➤ ¿Habló la persona encargada con tu hijo mientras estabas presente?
> ➤ ¿Está limpia y bien organizada el área donde están los niños?
> ➤ ¿Hay algún plan de actividades o una rutina establecida para los niños?

Finalmente, no dejes de pedir referencias para poder hablar con otras familias sobre el programa.

© DEPOSITPHOTOS.COM/YURI ARCURS

Instituciones de educación superior

Los adultos jóvenes pueden continuar su educación:

> ➤ Estudiando por dos años en un colegio de capacitación técnica.
> ➤ Estudiando por cuatro años en una institución de educación superior.

Los estudiantes tendrán la opción de asistir a una institución privada o pública. Existen beneficios económicos para los estudiantes que viven en el estado donde están ubicadas las instituciones públicas.

Estructura del sistema educativo universitario

Al terminar la secundaria, los estudiantes pueden asistir al *College* o a la Universidad. Al terminar los estudios universitarios o de *College* se obtiene el título de bachiller (*Bachelor's Degree*). El título de bachiller corresponde a la etapa de educación subgraduada (*undergraduate*). Los estudios posteriores a dicho título se conocen como educación postgraduada o graduada (*postgraduate* o *graduate*).

El primer nivel de educación de postgrado es la maestría. El estudiante pasa la mayor parte del tiempo en clase, la mayoría de las cuales son seminarios de no más de doce alumnos. En la mayoría de las instituciones, para completar el programa de maestría el aspirante debe tener un promedio académico de B y se le otorga el título una vez que haya presentado una tesis, para la cual debe realizar un trabajo de investigación, o rinda los exámenes (*comprehensive exams*). Algunas universidades consideran el título de "máster" como el primer paso al doctorado, pero en otras, los estudiantes pueden ingresar directamente al programa de doctorado sin tener la maestría.

Universidades

Cada centro de estudios estatal está respaldado por el Gobierno local. Cada uno de los cincuenta estados de la Unión Americana controla al menos una universidad estatal y posiblemente varios *colleges* estatales. En los últimos años el Gobierno determinó que existe una escasez de profesionales en ciencia y tecnología, razón por la cual se decidió reducir los costos educativos para los residentes que quisieran estudiar carreras en ciencia y tecnología. Muchos ofrecen todo tipo de programas de cuatro años para graduados en áreas como ingeniería, negocios, arte, etc. Sin embargo, otros ofrecen programas de dos años como los *Community College* o *Junior College*.

Una educación superior o universitaria puede ser muy cara. Algunas instituciones de educación superior ofrecen ayuda económica, en la forma de becas. El Gobierno también ofrece ayuda financiera a los estudiantes. La mayoría de los estudiantes obtiene préstamos, o solicita ayuda financiera o becas para pagar sus estudios. Algunas becas y subvenciones se otorgan solamente a ciudadanos de Estados Unidos.

Para una educación universitaria es muy importante tener en cuenta el aspecto financiero y más aún en estos tiempos en los que la crisis económica está afectando tantos aspectos de la vida diaria. Por esto, es importante tener un plan de ahorro y de solicitud de becas universitarias. Si tienes los documentos legales para recibir ayuda financiera del Gobierno, debes tener en cuenta que esta ayuda no va a cubrir la totalidad de tus costos universitarios. Por eso, es importante ahorrar y tener un plan claro. Asistir a la universidad no es un sueño imposible de alcanzar, pero sí requiere determinación y compromiso para llevar a cabo todos los pasos que se necesitan para lograr tus metas.

Cada universidad es diferente y tiene sus propias solicitudes y formularios que deben ser entregados en fechas límite específicas. Por eso, es importante informarse con un año de anticipación para poder planear y entregar los formularios en la fecha indicada.

La Solicitud Gratuita de Ayuda Federal para Estudiantes (Free Application for Federal Student Aid, FAFSA), es la solicitud que determina el paquete de ayuda financiera que se puede recibir.

© DEPOSITPHOTOS.COM/ALEXKKALINA

Ayuda financiera federal para estudiantes universitarios

El Gobierno de los Estados Unidos ofrece ayuda financiera a los estudiantes matriculados en algunas instituciones de educación superior. Esta ayuda paga muchos de los gastos de estudios, entre ellos la matrícula y otros costos similares, los libros, el alojamiento, la comida, los útiles escolares y el transporte. Los estudiantes son elegibles para solicitar esta ayuda según sus necesidades económicas, no según sus calificaciones.

Hay tres tipos de ayuda federal:

➤ Subvenciones: dinero que no es necesario devolver más tarde.
➤ Trabajo durante los estudios: dinero que se gana trabajando durante los años de estudio.
➤ Préstamos: dinero que es necesario devolver más tarde con intereses.

Para obtener más información sobre los programas federales de ayuda financiera, llama al 1-800-433-3243 o consulta el sitio web del Departamento de Educación de los Estados Unidos: studentaid.ed .gov/students/publications/student_guide/index.html. En este sitio se puede obtener también información en español.

CONSEJO:

Ten cuidado al buscar información sobre fuentes de ayuda financiera para estudiantes. Evita las ofertas exageradas o que te prometan resultados positivos a cambio de dinero. Cada año, las familias pierden millones de dólares por fraudes cometidos con ofertas de becas. Si deseas obtener información, llama al 1-877-382-4357. Visita también el sitio web de la Comisión Federal de Comercio (Federal Trade Commission): www.ftc.gov/bcp.

EDUCACIÓN PARA ADULTOS

Los estudios no tienen por qué estar sujetos a la edad. En Estados Unidos, se alienta a las personas a que sean estudiantes de por vida. Si tienes dieciséis años de edad o más y no has terminado tu educación secundaria, puedes matricularte en clases de Educación Secundaria para Adultos (Adult Secondary Education, ASE). Estas clases te prepararán para obtener un certificado de Desarrollo Educativo General (General Educational Development, GED).

El certificado de GED es una alternativa al diploma de la escuela secundaria. Es un documento que certifica que la persona ha adqui-

© DEPOSITPHOTOS.COM/DMITRIY SHIRONOSOV

rido conocimientos y destrezas académicas equivalentes a una educación secundaria. Para obtener un certificado de GED, es necesario aprobar exámenes en cinco materias: Lectura, Redacción, Ciencias Sociales, Ciencias Naturales y Matemáticas. La mayoría de los empleadores en Estados Unidos considera que un título de GED equivale a un diploma de la escuela secundaria.

APRENDE SOBRE LA CULTURA

Algo de historia: Los peregrinos

La historia más conocida y escrita de Estados Unidos empieza cuando los primeros colonos llegan a las Américas. A estos primeros exploradores o colonos se los conoce como "peregrinos". Los primeros peregrinos que llegaron a las Américas provenían de Inglaterra. Estos peregrinos salieron de Inglaterra en un buque llamado "Mayflower" y desembarcaron en Plymouth. Escapaban de las constricciones de la iglesia de Inglaterra y también de la pobreza. Podrían considerarse los primeros inmigrantes de Norteamérica. Al principio sufrieron mucho, pero los indios nativos los ayudaron a sobrevivir. Los indios nativos de la actual Massachusetts los recibieron amistosamente y compartieron con los peregrinos sus conocimientos sobre las cosechas en esta tierra y les enseñaron a cazar y a curar la carne de los animales de la zona.

Para celebrar que habían logrado sobrevivir un invierno muy duro y que tenían una abundante cosecha que los ayudaría a enfrentar el siguiente, los peregrinos organizaron una gran cena. Invitaron a los indios nativos para agradecer su ayuda. La primera celebración de acción de gracias duró varios días. Tanto los indios como los peregrinos compartieron alimentos, bebidas y diversión. Esto dio origen a la celebración de *Thanksgiving* (dar gracias).

El Día de Acción de Gracias no se celebraba todos los años. La celebración fue proclamada oficialmente por el presidente Lincoln en 1863, y habría de celebrarse el último jueves de noviembre. En 1941, el Congreso de los Estados Unidos declaró al Día de Acción de Gracias como día festivo.

Días feriados

El Gobierno federal observa oficialmente los días feriados que se enumeran más abajo. En estos días, la mayoría de las oficinas federales están cerradas. Si un día feriado cae un día sábado, se observa el viernes anterior. Si un día feriado cae en un día domingo, se observa el lunes siguiente. Muchas empresas conceden a sus empleados el día libre en estos días.

> ✓ Día de Año Nuevo, 1 de enero.
> ✓ Natalicio de Martin Luther King Junior, tercer lunes de enero.
> ✓ Día de los Presidentes, tercer lunes de febrero.
> ✓ Día del Soldado Caído (*Memorial Day*), último lunes de mayo.
> ✓ Día de la Independencia, 4 de julio.
> ✓ Día del Trabajo, primer lunes de septiembre.
> ✓ Día de la Raza (Columbus Day), segundo lunes de octubre.
> ✓ Día de los Veteranos, 11 de noviembre.
> ✓ Día de Acción de Gracias (*Thanksgiving*), cuarto jueves de noviembre.
> ✓ Día de Navidad, 25 de diciembre.

El Día de Acción de Gracias

De todas las fechas mencionadas arriba, el Día de Acción de Gracias merece una mención especial. Es una de las celebraciones más importantes en Estados Unidos y marca el inicio de la temporada comercial de Navidad. El día siguiente, viernes, se denomina *Black Friday*, y hay grandes rebajas en los comercios, en preparación para la época de regalos que se avecina. Ahora también hay rebajas en las tiendas virtuales en Internet ese día.

El menú tradicional es el pavo asado y el postre típico es el pastel de calabaza o de nueces pacanas. En muchos restaurantes sirven un menú especial ese día, y también algunos supermercados y *delis* venden el menú tradicional ya cocinado. Lo puedes encargar unos días antes y recogerlo en la mañana del Día de Acción de Gracias.

Ideas para el Día de Acción de Gracias

> ➤ Reúnete con familia y amigos y, de ser posible, invita a personas que no tengan familiares en este país.
> ➤ Procura ayudar a otras personas menos afortunadas. Haz una donación a una organización que ayude a personas sin recursos o realiza voluntariado.
> ➤ Haz con tus hijos una lista de bendiciones. En realidad esto es algo que se puede hacer durante todo el año, para criar niños respetuosos y agradecidos.
> ➤ Organiza una comida en la que cada asistente traiga un platillo típico de su país. No es necesario que sigas el menú tradicional. Lo importante es compartir un día especial con amigos y familiares.

Algunas diferencias culturales

Les pedimos a algunos inmigrantes que compartieran sus consejos acerca de las características que se destacan entre los estadounidenses (comparados con los latinos):

- ➤ Puntualidad: hay que presentarse a la hora exacta en la que se acordó reunirse.
- ➤ Propinas: se usa dejar un 15%; no son obligatorias pero si el servicio fue normal es de esperar que dejes un 15% si no quieres que te pongan cara fea. Deja un 10% si estuvo promedio y un 20% si estuvo muy bien.
- ➤ Impuestos.: son sagrados. No pagarlos o intentar eludirlos no solo será reprobable por tu más íntimo amigo estadounidense, sino que legalmente es muy serio.
- ➤ Sistema de medidas: se utilizan las pulgadas, los pies, las yardas y las millas para las medidas de longitud.; los galones para capacidad; y para el peso, las libras y las onzas pueden ser suficientes.
- ➤ Deportes: hay que entender los deportes populares, sobre todo el fútbol americano, el baloncesto y el béisbol. Si tienes una idea de las reglas de juego, el funcionamiento de las ligas, cómo se dividen las temporadas de fútbol, béisbol o baloncesto, podrás participar en el 99% de las conversaciones.
- ➤ Ahorro: es muy común utilizar cupones, descuentos, rebajas, así como aprovechar los *happy hours*.
- ➤ Fechas: acostúmbrate a escribirlas en el sistema estadounidense; el orden es: mes, día y año.
- ➤ Colaboración: esto seguramente lo hacías en tu país de origen, pero recuerda que es muy importante que aquí también colabores con tu comunidad. Ayudar en la comunidad elevará tu prestigio y acelerará hasta el infinito tu integración en la sociedad estadounidense.

RESUMEN

Antes de viajar a Estados Unidos, ten en cuenta los siguientes consejos para que el proceso de integración te resulte más fácil:

➤ Ahorra tanto dinero como puedas. Cada centavo adicional que puedas traerte cuenta. Vivir aquí no es barato.

➤ Practica. No sería mala idea que, antes de irte de tu país, comiences a practicar costumbres algo más frugales. Un matrimonio, un año antes de partir se mudó a un departamento más pequeño en un barrio más modesto para comenzar a mentalizarse y acostumbrarse a lo que quizás podían encontrar a su llegada.

➤ Busca ayuda a tu alrededor. A veces no queremos pedir ayuda por temor, por vergüenza o por lo que sea. Muchas veces es necesario apoyarnos en los que están a nuestro alrededor.

➤ Adiós a las tarjetas de crédito y comienza a manejarte lo más pronto posible con efectivo o tarjeta de débito. Será una buena manera de controlar tus gastos y no hacer colapsar tus finanzas.

➤ Más de un ingreso. Seguramente van a hacer falta dos ingresos en la economía familiar. Venir mentalmente preparado para que ambos en el matrimonio trabajen será una buena idea.

➤ Confía en la familia. Al ser nuevos en estas tierras, ya sabemos que a veces a los nuevos nos hacen blancos de estafas. Pide consejo a tu familia aquí o a tus amigos de confianza que serán tu familia ahora.

➤ No olvides tus orígenes. Seguimos siendo nosotros y, al mismo tiempo, comenzamos a ser parte de una nueva cultura. Es un reto, no es simple… pero es una de las llaves del éxito.

➤ Los primeros meses son muy estresantes. Tenemos planes a largo y mediano plazo, pero también cosas que hacer mañana. Planea para el futuro, sin perder de vista los pequeños desafíos de cada día.

> ➤ No te dejes llevar. En la sociedad de consumo estadounidense es muy complicado no oír el canto de las sirenas. Cuando venimos con un presupuesto limitado, podemos sentir la tentación de gastar algunos dólares en cosas que no son siempre tan prioritarias.

Entrevista con los expertos

María Fuentes, consultora para expatriados de multinacionales, colaboró respondiendo las siguientes preguntas:

¿Qué consejos le darías a una familia que recién llega a Estados Unidos?

Primero tienen que definir dónde van a vivir y dónde van a trabajar. En Estados Unidos, dependiendo del estado, las personas viven en las ciudades donde quieren que sus hijos estudien. Es bueno buscar un buen colegio y después buscar dónde vivir. Tienen que ver, de acuerdo con su presupuesto, si será una casa o un departamento. Cuando la ciudad cobra buenos impuestos, la escuela pública es mejor, el programa es mejor.

¿Qué recomiendas con la educación y los colegios, en qué hay que fijarse primero?

Tratar de mudarse cerca de la escuela ahorrará el transporte, y será más cómodo para todos al no tener que manejar grandes distancias para dejar a los chicos. Se puede buscar a alguien del trabajo que viva cerca para poder alternar los autos, así también se podrá descansar de manejar todos los días. Los chicos se integrarán mas rápido que los padres a la cultura estadounidense; al estar en la escuela, tendrán más amigos y se les debe fomentar que practiquen deportes, baile y que participen en actividades extracurriculares.

¿Cuál es la forma más rápida y fácil de integrarse a la cultura?

Todo depende de la situación económica de la familia. Hay que tratar de no ver solamente el canal de televisión de su país, así se sentirán involucrados con su nuevo hogar y podrán practicar el idioma, tanto los padres como los hijos. Las personas mayores deben leer sobre la historia de este país, visitar museos, hacer paseos por las ciudades cercanas, usar el transporte público de vez en cuando, aunque no lo necesiten, para poder observar bien la ciudad.

¿Cómo aprenden la cultura? ¿Qué comunidades, asociaciones y eventos hay para adaptarse mejor?

Existen muchos tipos de actividades; aparte de un trabajo, hay que buscar personas con los mismos intereses. Jugar al fútbol, tenis, ir a la playa, salir a caminar, montar bicicleta, aprender a esquiar, patinar en hielo, jugar bolos, etc. En cada ciudad hay muchos parques públicos con diversas actividades. También están las iglesias y templos que tienen muchos programas, a diferentes horas y diferentes días de la semana.

¿Qué cosas deben evitar?

Hay que tener cuidado al comprar un auto. Si lo van a comprar de segunda mano, al momento de pagar el auto es suyo y si al dar la vuelta a la esquina se malogra, no podrán reclamarle a nadie, así es la ley. Tienen que averiguar bien sobre qué dice la ley al respecto y asesorarse bien. Lo mismo al comprar un auto nuevo, hay que tener cuidado si no se da nada de anticipo; si se aprueba el crédito, los pagos serán altísimos e interminables. Para asuntos de economía, es mejor consultar con la asociación de Asesores Financieros Certificados (Certified Financial Planners). Ellos organizan charlas y consultas gratis en diferentes ciudades. (En la sección de finanzas encontrarás amplia información sobre este tema).

¿Qué hacen tus clientes para adaptarse mejor?

Para adaptarse más rápido, mis clientes siempre tratan de integrarse a la comunidad lo antes posible.

Historias de inmigrantes

Mónica

Conocí a una señora joven, Mónica (de alrededor de veintitrés o veinticuatro años) que llegó a vivir a Ohio. Ella hablaba inglés y su hijita de cinco años iba al kínder y en tres meses ya se comunicaba con los demás niños. Bueno, el esposo de Mónica y ella decidieron que iban a tener amigos que solo hablaran inglés, al menos por un tiempo, para adaptarse. Esto los ayudó mucho, él se iba a trabajar y, como su hijita iba por pocas horas al kínder, ella no podía salir a trabajar. Un día fue a una iglesia y se apuntó para un curso que se llamaba "Cómo educar a sus hijos de acuerdo a la Biblia". La verdad es que ella no era religiosa, había crecido en una escuela laica, pero aparte de aprender a leer la Biblia, encontrar paz espiritual y practicar inglés, hizo muchas amigas con hijos de la misma edad, lo que la ayudó a integrarse a la cultura estadounidense rápidamente.

Tere y Sebastián

"¿Tere, quieres casarte conmigo?". Fue lo que tanto esperaban los dos. Eran enamorados desde hacía cuatro años, ya habían terminado la secundaria, trabajaban al mismo tiempo, pero no era suficiente para empezar en Guatemala. "¡Y nos vamos a probar suerte en Estados Unidos!".

Sebastián ayudaba a su papá en el taller de mecánica desde chico, pero su papá falleció y era muy joven para seguir solo. Ahora vendía libros de puerta en puerta. Tere trabajaba en una oficina haciendo un poco de todo. Llegó el día, se casaron y su luna de miel fue ir directamente a Los Ángeles, donde vivían unos primos.

En esa época daban el Seguro Social y la licencia a los turistas, así que pudieron trabajar y manejar un auto desde el principio. Ella había estado estudiando inglés y pudo conseguir trabajo de mesera, un trabajo extenuante, con horarios los sábados y domingos inclusive.

Como Sebastián no hablaba inglés, sólo consiguió empleo repartiendo pizzas, también sábados y domingos todo el día. Los demás días tenía un trabajo por aquí y otro por allá.

Los dos se pusieron de acuerdo en que, por su propio bien, no debían tener amigos que hablaran español, solo locales que hablaran inglés. Por supuesto, cuando pudieran comunicarse y conseguir mejores trabajos, podrían seguir frecuentando a sus compatriotas.

En ese ambiente, Sebastián conoció a un señor de Ohio que había llegado a California a poner su taller. Sebastián comenzó alcanzando las herramientas y limpiando, pero pronto Mr. Smith, su patrón, se dio cuenta de que el chico era hábil y sabía del negocio. Pronto empezaron a trabajar juntos y tuvieron mucha clientela. Pasaron dos años y Mr. Smith decidió regresar a Ohio. "Quiero traspasar mi negocio Sebastián, y pienso que eres el indicado. Tenemos que empezar a tramitar tus papeles". Así fue cómo Sebastián se convirtió en el dueño del taller y hasta el día de hoy no se arrepiente del sacrificio que hicieron al rodearse de los locales, aprender el idioma y, sobre todo, lo más importante, integrarse a la sociedad de este gran país.

Cada año celebran la fiesta de su país de origen con todos sus amigos compatriotas. Sus cuatro hijos son completamente bilingües y adoran el país de sus padres, tienen las dos culturas bien afianzadas.

Tu plan de acción

Con la ayuda de esta tabla, toma nota de las fechas en las que completas los diferentes pasos a seguir, y anota toda información importante que no quieras olvidar.

ACCIÓN	FECHA DE FINALIZACIÓN	COMENTARIOS/ NOTAS
Inscribir niños en la guardería/escuela		
Aprender/perfeccionar el inglés		
Aprender la cultura		
Hablar en inglés todo el tiempo		
Participar en la comunidad		

Recursos

Para información completa y detallada sobre visas y documentación:
Sitio oficial del Servicio de Ciudadanía e Inmigración de los Estados
   Unidos (U.S. Citizenship and Immigration Services, USCIS).
   Información en inglés y español: www.uscis.gov.

Lotería de visas:
www.usa.gov/gobiernousa/Articulos/sorteo-visas-diversidad.shtml

Seguro Social:
www.socialsecurity.gov/espanol/centrosdetarjetas/local

Licencia de conducir:
www.usa.gov/topics/motorvehicles.shtml

Ayuda legal:
www.usdoj.gov/eoir/probono/states.htm

SEGUNDA PARTE – PLANIFICA TU TRABAJO

Trabajos especializados para latinos:
espanol.latpro.com/index.php, www.ihispano.com

Comisión para la Igualdad de Oportunidades en el Empleo de los
Estados Unidos (U.S. Equal Employment Opportunity
Commission):
www.eeoc.gov o llama al 1-800-669-4000

Impuestos:
www.irs.gov

Agencia Federal para el Desarrollo de la Pequeña Empresa:
www.negocios.gov

Asesor financiero certificado:
www.cfp.org y fpa.net

Asociación Nacional de Asesores Financieros:
www.napfa.org

TERCERA PARTE – PLANIFICA TUS FINANZAS

Informes de crédito:
www.annualcreditreport.com
www.ftc.gov/credit
www.equifax.com
www. experian.com
www.transunion.com

Envíos de dinero:
www.moneygram.com
www.westernunion.com

Atención médica:
ask.hrsa.gov

Comunidad:
www.hud.gov (Sección *Communities*)

Programas de comidas escolares:
www.fns.usda.gov/cnd

ASOCIACIONES DE LATINOS

Association of Latino Professionals in Finance and Accounting
(Asociación de Profesionales Latinos en Finanzas y Contabilidad):
Establecida en 1972, 38 capítulos, 13.000 miembros. La principal
asociación de los hispanos/latinos que trabajan en las profesiones
de finanzas, contabilidad y afines. Ofrece talleres, tutorías y otros
programas.

National Society of Hispanic MBAs (Sociedad Nacional de MBAs
Hispanos): Fundada en el año 1988. Prepara a los hispanos/latinos
para posiciones de liderazgo en los sectores público y privado;
conecta a los profesionales hispanos/latinos y los estudiantes de
MBA con empresas y otras organizaciones. Más de 8.000
miembros en 32 capítulos en Estados Unidos y Puerto Rico.

US Hispanic Chamber of Commerce (Cámara de Comercio
Hispana de Estados Unidos): Fundada en 1979, más de 200
cámaras afiliadas locales en Estados Unidos, Puerto Rico y
México. Compuesta principalmente de empresarios y de personas
que trabajan para pequeñas empresas. Defiende, promueve y
facilita el éxito de las empresas hispanas/latinas.

National Hispanic Medical Association (Asociación Nacional
Médica Hispana): Fundada en el año 1994. Representa a 45.000
médicos hispanos/latinos en Estados Unidos, ofrece desarrollo
profesional y conecta a los médicos con el Gobierno y el sector
privado.

Hispanic National Bar Association (Asociación Nacional de
Abogados Hispanos): Fundada en 1972, es una organización
profesional para los abogados hispanos/latinos, jueces,

profesionales del Derecho y estudiantes de Derecho en Estados
Unidos y Puerto Rico; 22.000 miembros.

National Association of Hispanic Journalists (Asociación Nacional
de Periodistas Hispanos): Fundada en 1984, la voz nacional de los
hispanos/latinos que trabajan en televisión, radio, prensa, nuevos
medios y otras profesiones relacionadas con los medios de
comunicación. Sus miembros incluyen a 2.300 profesores de
periodismo y estudiantes.

National Association of Hispanic Real Estate Professionals
(Asociación Nacional de Profesionales Hispanos de Bienes
Raíces): Decenas de capítulos en todo Estados Unidos, la misión
es capacitar a los profesionales de bienes raíces hispanos/latinos.

National Association of Puerto Rican and Hispanic Social Workers
(Asociación Nacional de Trabajadores Sociales Puertorriqueños e
Hispanos): Organizada en 1983, incluye a los trabajadores sociales,
otros profesionales de servicios humanos y estudiantes interesados
en las cuestiones que afectan a Puerto Rico y a las comunidades
hispanas/latinas.

Glosario

accredited. Acreditado, autorizado. La designación *Accredited* en un establecimiento para cuidado de niños significa que el programa cumple con normas más estrictas que las necesarias para obtener una licencia del estado.

Adult Secondary Education, ASE. Educación secundaria para adultos. Estas clases preparan para obtener un certificado de Desarrollo Educativo General (General Educational Development, GED).

Application for a Travel Document. Solicitud de documento de viaje. Cualquier residente permanente de Estados Unidos que esté fuera del país durante mucho tiempo o que no pueda demostrar su intención de vivir permanentemente en Estados Unidos, puede perder su residencia permanente. Si piensas ausentarte del país durante más de doce meses, tendrás que solicitar un permiso de reingreso antes de viajar. El permiso de reingreso es válido por hasta dos años.

APR o Annual Percentage Rate. Tasa anual efectiva de un préstamo; es el interés anual que se cobra por la suma prestada. Es generalmente más alta y el período del préstamo más corto cuando se trata de automóviles usados que cuando se aplica a vehículos nuevos.

available. Disponible. En el contexto de este libro, se refiere a propiedades disponibles para comprar o alquilar.

bachelor's degree. Título de bachiller o licenciado, primer título universitario según el sistema estadounidense.

Bar Association. Colegio de abogados. Un colegio de abogados es una agrupación de abogados organizados principalmente para tratar asuntos referentes al ejercicio de su profesión.

Best Careers for Bilingual Latinos. Libro de las mejores carreras para latinos bilingües.

Black Friday. Viernes negro; viernes después del Día de Acción de Gracias durante el cual, tradicionalmente, hay rebajas considerables en los precios y día en que los minoristas registran un elevado índice de ventas, lo cual hace que el saldo de sus libros pase de rojo a negro.

Board of Immigration Appeals, BI. Junta de Apelaciones de Inmigración. Oficina Ejecutiva Para Revisión de Inmigración (EOIR). La EOIR es una oficina del Departamento de Justicia de los Estados Unidos. La EOIR supervisa las cortes de inmigración en los Estados Unidos. Adicionalmente, la Junta de Apelaciones de Inmigración, la cual se encarga de apelaciones procedentes de cortes de inmigración, forma parte de la EOIR. La función primaria de la EOIR es conducir procedimientos de expulsión, los cuales son procedimientos administrativos para determinar la expulsión de individuos de Estados Unidos.

business card. Tarjeta profesional, tarjeta de presentación, tarjeta de visita. En el contexto de este libro, se recomienda tenerlas para la búsqueda de trabajo.

carpool. Viaje en coche compartido. Por ejemplo, varias madres o padres de niños se turnan para llevarlos y traerlos de la escuela.

Certified Financial Planner®. Asesor Financiero Certificado. Los asesores financieros son profesionales calificados y entrenados en los conceptos de inversión y asesoría financiera personalizada. Un asesor financiero es capaz de determinar en base a la información que el cliente le suministre, su tolerancia al riesgo, analizar sus recursos financieros, asesorarlo en la determinación de una mezcla de activos (portafolio) adecuada para la consecución de sus objetivos; en definitiva, desarrollar un plan concreto para sus objetivos financieros.

chairman. Presidente. Persona que preside algo; presidente de una reunión o asamblea; persona que preside un comité; máxima autoridad de una compañía.

college. Universidad, academia. En Estados Unidos el término *college* tiene un uso más restringido que en el Reino Unido y se reserva generalmente para instituciones de educación superior que pueden ofrecer titulaciones, tanto de grado como de postgrado. En la práctica, no existe diferencia entre la denominación "universidad" (*university*) o "*college*", aunque originalmente las instituciones con muchas facultades y escuelas de postgrado se llamaban universidades, y las más pequeñas, con pocas especialidades, se llamaban *college*. Algunas de las más prestigiosas universidades de Estados Unidos, como Boston College, han mantenido la palabra "*college*" en sus nombres por razones históricas aun otorgando titulaciones en una gran variedad de áreas y niveles.

Columbus Day. Día de la Raza.

community. Comunidad. Una comunidad puede definirse como un grupo específico de personas que reside en un área geográfica determinada, comparte una cultura común y un modo de vida, es consciente del hecho de que comparte cierta unidad y que puede actuar colectivamente en busca de una meta.

community college. Colegio universitario municipal. Los *community colleges*, accesibles para todos, sin restricciones de edad ni distinciones sociales o de proveniencia académica, representan la alternativa a una enseñanza universitaria. A la salida de la escuela secundaria, estas carreras de dos años otorgan un *associate's degree*, necesario para obtener —luego de dos años de universidad— el *bachelor's degree*. Así, los alumnos pertenecientes a las clases desfavorecidas, que no podrían financiar cuatro años de estudios en una universidad privada, pueden acceder a la educación superior.

comprehensive exams. Exámenes integrales. Para completar el programa de maestría, el aspirante debe tener un promedio académico de B, y se le otorga el título una vez que haya presentado una tesis, para la cual debe realizar un trabajo de investigación, o haya rendido los exámenes integrales sobre su carrera.

co-payment. Copago, pago compartido. Los médicos facturan a la compañía de seguro de salud por los servicios que presta. La compañía de seguro de salud pagará entonces una parte o todos los servicios médicos que uno haya recibido. A menudo, uno debe pagar una parte de sus cuentas médicas; a esa parte se la llama copago.

credit reports. Informes crediticios. El informe crediticio es un registro de toda la información que las agencias de créditos poseen acerca del modo en el que uno ha administrado sus finanzas en los últimos 7 a 10 años. Es el registro oficial de cómo se paga el dinero que se debe a los acreedores.

delivery. Reparto; servicio de entrega a domicilio.

Department of Homeland Security. Departamento de Seguridad Nacional. Es un ministerio del Gobierno de los Estados Unidos con la responsabilidad de proteger el territorio estadounidense de ataques terroristas y responder a desastres naturales. El departamento se creó a partir de veinticuatro agencias federales ya existentes en respuesta a los atentados del 11 de septiembre de 2001.

Department of Housing and Urban Development. El Departamento de Vivienda y Desarrollo Urbano es un departamento de gabinete de la rama ejecutiva del Gobierno federal de los Estados Unidos. A pesar de sus inicios como parte de la Agencia Federal de Financiamiento de Vivienda fue fundado como departamento de gabinete en 1965, siendo parte del programa "Gran Sociedad" (*Great Society*) del presidente Johnson, para el desarrollo y la ejecución de políticas en viviendas y ciudades. Tiene su sede en el Edificio Federal Robert C. Weaver en Washington, D.C.

Department of Motor Vehicles, DMV. Departamento de Vehículos Motorizados. Responsable de las licencias de conducir.

Diversity Lottery Program. Lotería de Visas. Es un programa dirigido a personas de países con índices bajos de inmigración a Estados Unidos.

Employee's Withholding Allowance Certificate. Certificado de retención de impuestos del empleado. Se debe completar cuando se ingresa a trabajar en una empresa.

employment. Empleo.

Employment Eligibility Verification Form. Formulario de verificación de elegibilidad para el empleo. Formulario que se llena cuando se entra a trabajar en una empresa.

English as a Second Language, ESL. Inglés como segunda lengua.

English for Speakers of Other Languages, ESOL. Inglés para hablantes de otros idiomas.

English Literacy. Alfabetización en inglés.

environmental engineer. Ingeniero ambiental.

excuse me. Perdón, disculpe, lo siento.

Family and Money Matters™. Libro que trata temas de familia y dinero.

Federal Deposit Insurance Corporation, FDIC. Corporación Federal de Seguro de Depósitos. Es una agencia independiente del Gobierno de los Estados Unidos y está diseñada para proteger fondos hasta un monto determinado. La FDIC está respaldada por el crédito del Gobierno de los Estados Unidos.

Federal Trade Commission. Comisión Federal de Comercio. Es una agencia independiente del Gobierno de los Estados Unidos, establecida en 1914 por la Ley de la Comisión Federal de Comercio (Federal Trade Commission Act). Su misión principal es promover los derechos de los consumidores y la eliminación y prevención de prácticas que atentan contra la libre competencia.

for rent. En alquiler. En el contexto de este libro, se refiere a anuncios de alquiler de casas o departamentos.

full coverage. Cobertura completa (seguro de auto). La cobertura total es la que comprende la cobertura de responsabilidad requerida por el estado, colisión y daño físico. Esto se debe a que el auto es la garantía para el prestamista, y cualquier cosa que le pueda suceder al auto aumenta el riesgo de pérdida total del valor del auto.

General Educational Development, GED. Desarrollo Educativo General. El certificado de GED es una alternativa al diploma de la escuela secundaria. Es un documento que certifica que la persona ha adquirido conocimientos y destrezas académicas equivalentes a una educación secundaria. Para obtener un certificado de GED, es necesario aprobar exámenes en cinco materias: Lectura, Redacción, Ciencias Sociales, Ciencias Naturales y Matemáticas. La mayoría de los empleadores en Estados Unidos considera que un título de GED equivale a un diploma de la escuela secundaria.

green card. Tarjeta de Residencia Permanente en Estados Unidos. Es un documento de identidad para residentes permanentes de Estados Unidos que no posean la nacionalidad estadounidense.

Guaranteed Auto Protection, GAP. Protección garantizada del automóvil. El seguro llamado GAP es recomendable cuando uno compra o hace un *leasing* de un auto nuevo por lo siguiente: todo auto nuevo pierde casi el 30% de su valor apenas sale del concesionario, y si después de un breve período sufre un accidente que resulta en la pérdida del auto, el seguro devuelve el valor del mercado del auto; es decir, el 70% de lo pagado. El GAP se encarga de cubrir la diferencia.

happy hour. Horario durante el cual los bares sirven bebidas a precio reducido.

headhunter. Cazatalentos. Aunque a veces se pueda confundir con la figura del reclutador, el *headhunter* está orientado a contactarse con profesionales que pertenecen al nivel más alto de la jerarquía de una empresa, altos directivos o gerentes. Otro aspecto que los diferencia es que el reclutador trata de buscar al candidato más idóneo para un puesto de trabajo vacante (los candidatos se presentan atraídos por la oferta de empleo); en el caso de los *headhunters*, buscan candidatos que ya están trabajando, y que no buscan de manera activa un empleo. Los "cazadores" se sienten atraídos por sus logros profesionales y por su experiencia, considerándolos idóneos para un puesto determinado.

help wanted. Se necesita empleado/a.

home schooling. Educación escolar desde el hogar. El concepto nació en Estados Unidos en los años setenta. Esta tendencia significa asumir de forma integral la educación de los hijos, tanto en los aspectos de adquisición de conocimientos y habilidades, como en la transmisión de valores y principios, sin delegar ninguna de estas funciones a instituciones educativas.

house call. Visita de médico a domicilio.

House of Representatives. La Cámara de Representantes de los Estados Unidos es una de las dos cámaras del Congreso; la otra es el Senado. Cada estado es representado en la cámara proporcionalmente en base a su población, y tiene derecho a tener por lo menos un representante.

identity theft. El robo de identidad es la usurpación de la identidad de una persona haciéndose pasar por ella, llegando a asumir su identidad ante otras personas, en un lugar público o privado, en general para acceder a ciertos recursos o la obtención de créditos y otros beneficios en nombre de esa persona. El caso más común hoy en día se da cuando un delincuente, por medios informáticos o personales, obtiene la información personal de otro y la utiliza ilegalmente.

informational interview. Entrevista informativa. En el contexto de este libro, un ejecutivo se reúne con un postulante para brindarle información acerca de los asuntos de la compañía.

Internal Revenue Service, IRS. El Servicio de Impuestos Internos es la agencia federal del Gobierno de los Estados Unidos, encargada de la recaudación fiscal y del cumplimientos de la leyes tributarias. Constituye una agencia encuadrada en el Departamento del Tesoro de los Estados Unidos y también es responsable de la interpretación y aplicación de las leyes fiscales de carácter federal.

Individual Taxpayer Identification Number, ITIN. Número de Identificación Personal del Contribuyente para inversionistas y visitantes extranjeros que deben pagar impuestos, pero no pueden tener un número de Seguro Social.

junior college. Colegio universitario estatal; universidades que solamente imparten programas hasta el grado de asociado (*associate's degree*) o titulaciones propias.

language school. Escuela de idiomas.

lease. Alquiler con opción a compra. En el contexto de este libro, se refiere a automóviles.

liability. Responsabilidad civil. En muchos estados esta cobertura es obligatoria y exigen que el seguro cubra al menos los costos asociados a la responsabilidad del conductor (*liability*). Esto es para que el conductor, en caso de accidente, pueda cubrir los daños ocasionados a otras personas o propiedad. Por lo tanto, la cobertura puede incluir lesión corporal o daños de propiedad, por las cuales el conductor es responsable.

licensed. Con licencia, autorizado, habilitado. En este libro se refiere a establecimientos para cuidado de niños. Es decir, autorizados por el Gobierno.

master's degree. Título universitario de postgrado.

Memorial Day. Día del Soldado Caído. Día festivo legal y público en Estados Unidos y sus territorios, celebrado por las Fuerzas Armadas para honrar a los ciudadanos estadounidenses que perecieron en la guerra.

National Child Care Information Center. Centro Nacional de Información Sobre el Cuidado de Niños. Parte del Departamento de Salud y Servicios Sociales que brinda información sobre establecimientos de cuidado de niños.

networking. Establecer vínculos o hacer conocidos (en especial para apoyo profesional o beneficio comercial). En este libro se refiere a mantenerse en contacto con amigos, relaciones y familiares con el objetivo de conseguir trabajo.

nursing home. Residencia geriátrica en la que viven temporal o permanentemente personas mayores en la mayoría de los casos con determinado grado de dependencia. En las residencias se ofrecen servicios de desarrollo personal y atención socio-sanitaria. Por ello las residencias disponen de un equipo de profesionales adecuados con formación gerontológica específica, pero formados en diferentes especialidades.

open house. Propiedad a puertas abiertas. En el libro se refiere a anuncios para ver propiedades.

Optional Practical Training, OPT. La capacitación práctica opcional es un período durante el cual a los estudiantes de pregrado y posgrado con estatus F-1 que han terminado o han estudiado durante más de nueve meses les es permitido trabajar más de un año con una visa de estudiante, sin necesidad de adquirir una visa de trabajo.

Parent Teacher Association, PTA. Asociación de Padres y Maestros. Estos grupos ayudan a los padres a mantenerse al día sobre lo que sucede en la escuela de sus hijos, y a participar en las actividades de la escuela. Cualquier miembro de la familia puede afiliarse y participar, incluso los abuelos. Las PTA también apoyan a las escuelas al patrocinar actividades especiales y al proporcionar voluntarios para ayudar en las aulas.

Patriot Act. El 25 de octubre de 2001 el Congreso de los Estados Unidos aprobó la Ley Patriota, cuyo título oficial es "Uniendo y Fortaleciendo a América Proveyendo Herramientas Apropiadas Necesarias para Interceptar y Obstruir el Terrorismo". La ley amplía en gran medida la vigilancia para el cumplimiento de la ley y la capacidad de investigación.

PhD. Abreviatura de *Doctor of Philosophy* (Doctor en Filosofía) aplicable a cualquier título de doctorado.

physical therapist. Fisioterapeuta.

postgraduate. Formación de postgrado, después de terminar una carrera universitaria de grado.

prescription. Receta médica.

private mortgage insurance, PMI. Seguro hipotecario privado, un seguro extra que se les cobra a las hipotecas, que se agrega a los préstamos de más del 80% del valor de la vivienda.

pro bono. Trabajo generalmente jurídico, pero bien puede ser de otra profesión u oficio, realizado voluntariamente y sin retribución monetaria.

Real ID Act. Ley de Identificación.

recruiter. Reclutador, profesional de recursos humanos que elige al candidato más idóneo entre los postulantes a un empleo.

references. Referencias. En este libro se refiere a antiguos empleadores o personas que puedan dar referencias sobre uno.

renter's insurance. Seguro de arrendatario. El arrendador se responsabiliza de asegurar la vivienda, pero uno debe asegurar sus pertenencias.

report card. Libreta de calificaciones escolares.

résumé. Currículum u hoja de vida.

roaming. Servicio itinerante; concepto utilizado en comunicaciones inalámbricas: la capacidad de un dispositivo para moverse de una zona de cobertura a otra.

school meals. Comidas escolares. En este libro se refiere a los programas federales de comidas escolares para niños de familias de bajos recursos.

senior. Posición de alto nivel en una empresa (en el contexto del libro).

Small Business Development Center, SBDC. En Estados Unidos, la Agencia Federal para el Desarrollo de la Pequeña Empresa administra el Programa de los Centros de Desarrollo de la Pequeña Empresa que ofrece asistencia empresarial a actuales y potenciales dueños de pequeñas empresas.

Social Security Number. Número de Seguro Social. Las tarjetas de Seguro Social normalmente solo se otorgan a ciudadanos de Estados Unidos o residentes permanentes y personas con permiso de trabajar en Estados Unidos. Sin embargo, hay dos tipos de tarjetas de Seguro Social que se emiten para extranjeros con autorización de trabajo, y para estudiantes extranjeros y personas con visas temporales. Se requiere para empleo, para pagar impuestos y para trabajar.

software developer. Desarrollador de *software*.

square feet. Pies cuadrados; para convertir a metros cuadrados multiplicar el número por 0,3048.

State ID. Identificación del Estado.

Supplemental Security Income. Seguro de Ingreso Suplementario.

taxable income. Ingresos gravables, son el dinero que recibes como sueldo, por el trabajo que realizas independientemente, por las propinas que recibes y por la venta de bienes.

Term Life Insurance. Seguro de vida a término. Garantiza a la familia del asegurado el pago de una cantidad fija por un período determinado si este muere.

Thanksgiving Day. Día de Acción de Gracias.

U.S. Citizenship and Immigration Services (USCIS). Servicio de Ciudadanía e Inmigración de los Estados Unidos.

U.S. Department of Human Services. El Departamento de Salud y Servicios Sociales es un departamento del Gobierno de los Estados Unidos con el objetivo de proteger la salud de todos los estadounidenses y la prestación de servicios sociales esenciales. Su lema es "Mejorar la salud, la seguridad y el bienestar de América [Estados Unidos]".

U.S. Equal Employment Opportunity Commision. Comisión para la Igualdad de Oportunidades en el Empleo de los Estados Unidos.

undergraduate. Estudiante de licenciatura (de grado).

United States Department of Labor, DOL. Departamento de Trabajo de los Estados Unidos. Es un departamento del gabinete del Gobierno de los Estados Unidos responsable de las condiciones de trabajo, de los salarios y horarios estándares de los trabajadores, seguros de desempleo, servicios de reinserción laboral en Estados Unidos, y algunas estadísticas económicas.

utilities. Servicios públicos, como el agua, el gas, la luz y el teléfono.

Visa Waiver Program, VWP. Programa de exención de visas creado en 1986 para promover el turismo y facilitar los viajes entre los países aliados de Estados Unidos al permitir que entren sin visa los viajeros para negocios y turistas que visitan Estados Unidos por menos de 90 días. No todos los aliados de Estados Unidos participan en el programa y, dependiendo del propósito del viaje y de obstáculos legales para la admisión en Estados Unidos, no todos los ciudadanos de países del VWP están calificados para participar en este programa.

Whole Life Insurance. Seguro para toda la vida. Garantiza a la familia del asegurado el pago de una cantidad fija si este muere.

win-win situation. Situación de ganar-ganar (dar y recibir). Es una negociación en la que ambas partes ganan.

withholding tax. Impuesto retenido en la fuente; impuesto anticipado. El empleador retiene dinero de la paga y lo envía al Gobierno para pagar impuestos federales.